南アジアの地形

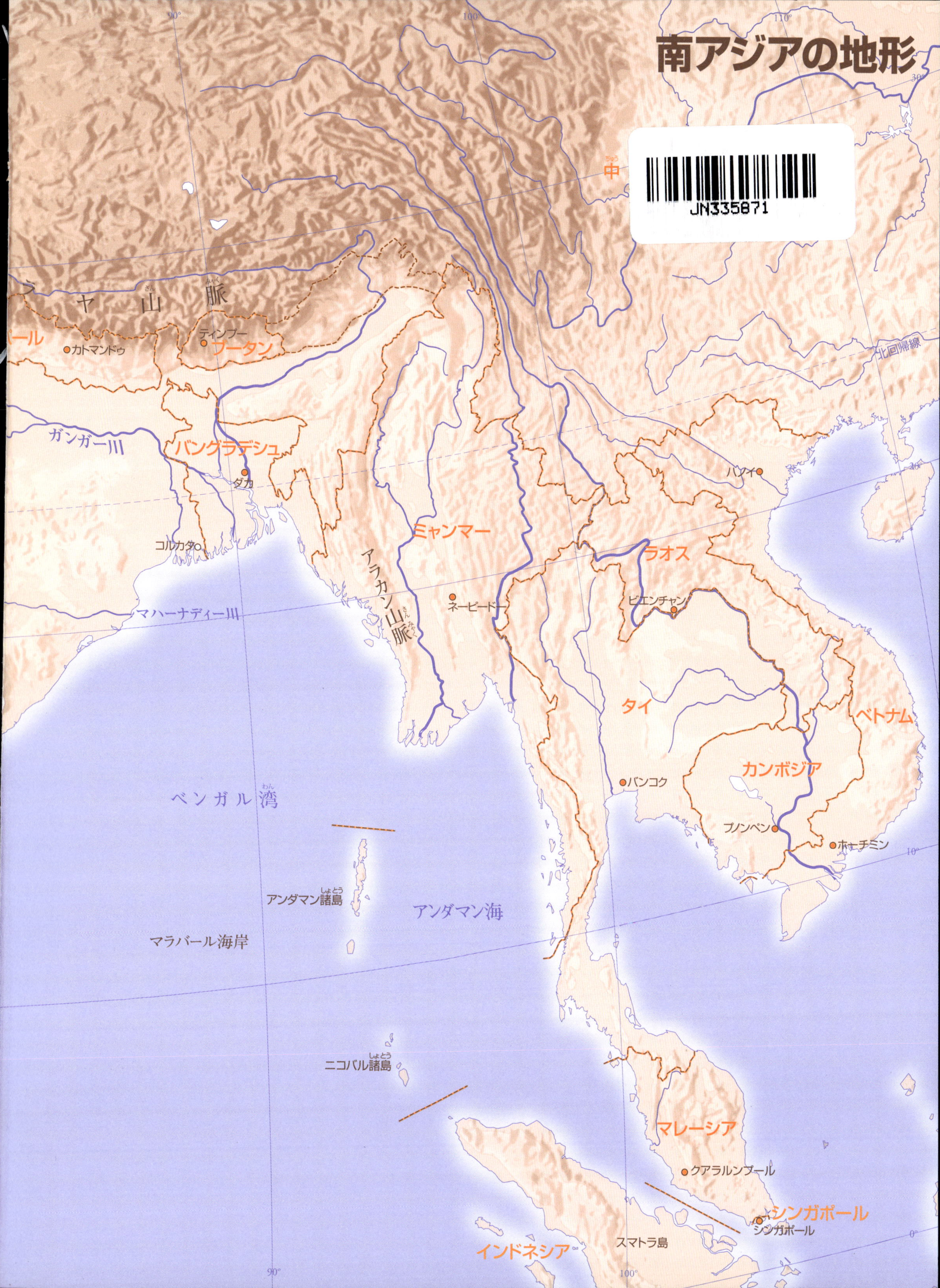

ヤ 山《さん》 脈《みゃく》
パール
カトマンドゥ
ティンプー
ブータン
中《ちゅう》
北回帰線
ガンガー川
バングラデシュ
ダカ
コルカタ
マハーナディー川
ミャンマー
アラカン山《さん》脈《みゃく》
ネーピードー
ハノイ
ラオス
ビエンチャン
タイ
バンコク
カンボジア
プノンペン
ベトナム
ホーチミン
ベンガル湾《わん》
アンダマン諸島《しょとう》
アンダマン海
マラバール海岸
ニコバル諸島《しょとう》
マレーシア
クアラルンプール
シンガポール
シンガポール
インドネシア
スマトラ島
90°
100°
110°
30°
10°
0°

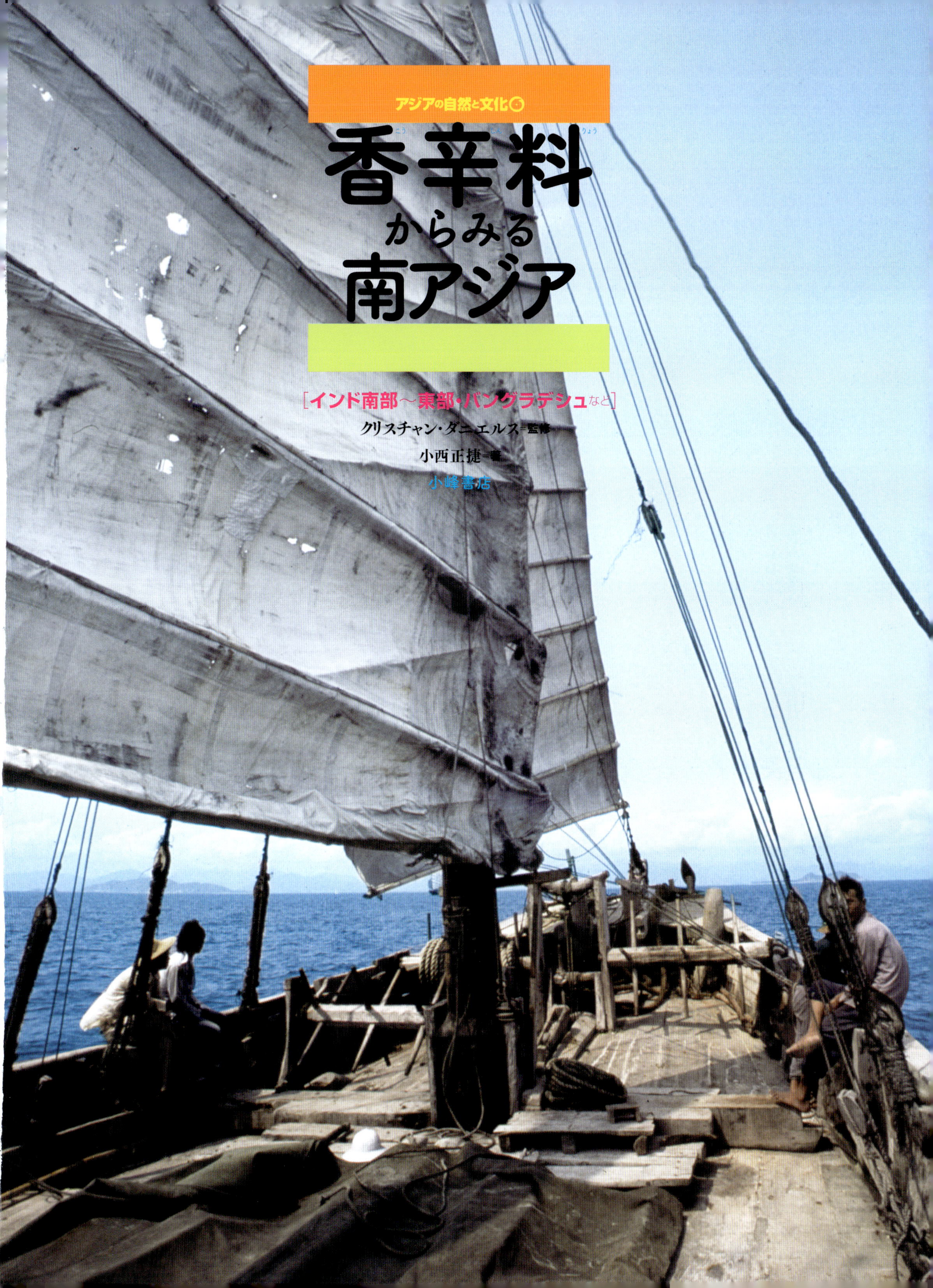

アジアの自然と文化⑤

香《こう》辛《しん》料《りょう》からみる南アジア

[インド南部～東部・バングラデシュなど]

クリスチャン・ダニエルス＝監修

小西正捷＝著

小峰書店

もくじ

4 暮《く》らしの息抜《いきぬ》き

5 祈《いの》りと願い

6 芸能《げいのう》の大地

写真提供《ていきょう》—大村次郷《おおむらつぐさと》

*—写真撮影者《さつえいしゃ》について、とくに注記がないものは大村次郷《おおむらつぐさと》氏によるものです。

*—地名・人名などの読みは、現地《げんち》の読みに近いカタカナで表記しています。

*—記述内容《きじゅつないよう》との関連から、インド南部〜東部とバングラデシュ以外の写真も一部、掲載《けいさい》しています。

1 季節風吹《ふ》く自然と暮《く》らし

南アジア半島部の気候と風土

インドを中心とする南アジア地域《ちいき》はあまりに広いので、大陸に次ぐという意味で、インド亜大陸《あたいりく》とも呼《よ》ばれます。その北半分は、ヒマーラヤをはじめとするいくつもの山脈《さんみゃく》に囲まれた広大な内陸部であるのに対し、南半分は、アラビア海・インド洋・ベンガル湾《わん》という3つの大海に囲まれた、巨大《きょだい》な逆三角形《ぎゃくさんかくけい》の半島となっています。

この南方の半島部には、北方の内陸部に勝るとも劣《おと》らない豊《ゆた》かな歴史や文化が見られます。この地域《ちいき》では、7～8月を中心に、海を越《こ》えて吹《ふ》いてくる季節風(モンスーン)が雨をもたらして耕地《こうち》を豊《ゆた》かにします。そして、季節風に乗っては、先史《せんし》時代以来、じつにさまざまな人々が文化や文物《ぶんぶつ》を携《たずさ》えて、西のほうから入ってきました。

また、この半島部のやや内陸に生まれ育った特徴《とくちょう》あるいくつもの地域《ちいき》文化は、ベンガル湾《わん》に向かって流れる大河を下って、現在《げんざい》のバングラデシュからインド北東部、さらには南東部の海沿《うみぞ》いにかけての地域《ちいき》で発達をとげ、さらにその先の東南アジアにまで影響《えいきょう》を及《およ》ぼすに至《いた》ったのです。

ベンガル湾《わん》やアラビア海に面したこの半島部の沿岸《えんがん》では豊《ゆた》かにイネが実り、交易《こうえき》に役だつさまざまな香辛料《こうしんりょう》やヤシなどを産出してきました。この巻《かん》では、その暮《く》らしのいろいろな面を、順に見ていくことにしましょう。

上―恵《めぐ》みの雨で作物が育つように、雨季が来る前にスキで深く土をおこして、トウモロコシやサトウキビを植えつける。空はすでに暗い(インド・マハーラーシュトラ州)。
中左―モンスーンの雨に煙《けむ》る田畑(インド・カルナータカ州)。雨季には先が見えないほどの激《はげ》しい雨が降《ふ》る。
中右―たっぷりと雨季の雨を吸《す》った黒土の畑を、ウシの引くスキで耕《たがや》す(インド・タミルナードゥ州)。
下左―アラビア海に面した海岸で、漁から戻《もど》ってきた舟《ふね》。軽い丸太を組み合わせただけの単純《たんじゅん》な構造《こうぞう》(インド・ケーララ州、著者撮影《ちょしゃさつえい》)。台風のような暴風《ぼうふう》(サイクロン)のとき以外は雨季でも出漁する。
下右―水を運ぶ少女(インド・マハーラーシュトラ州)。乾季《かんき》・雨季を問わず、水は常《つね》に確保《かくほ》が必要だ。

[南アジア南部～東部の地形]

南アジア半島部から東部にかけての地形。海に三方を囲まれた半島部には、ほぼ東西の海岸線に沿《そ》って、長い山脈《さんみゃく》が南北に走っている。この沿岸部《えんがんぶ》には良質《りょうしつ》の港がいくつもあって、さかんな交易《こうえき》で栄えてきた。その交易先《こうえきさき》は、西はヨーロッパからアフリカの東海岸や西アジア、東は東南アジアや日本にまで及《およ》んでいた（くわしくは第2章を見よう）。こうした外の世界から伝わった文化と、インドの内陸から伝わった文化とが、この海岸部で混《ま》じり合って発展《はってん》し、新たに独自《どくじ》の文化を生み出してきた。

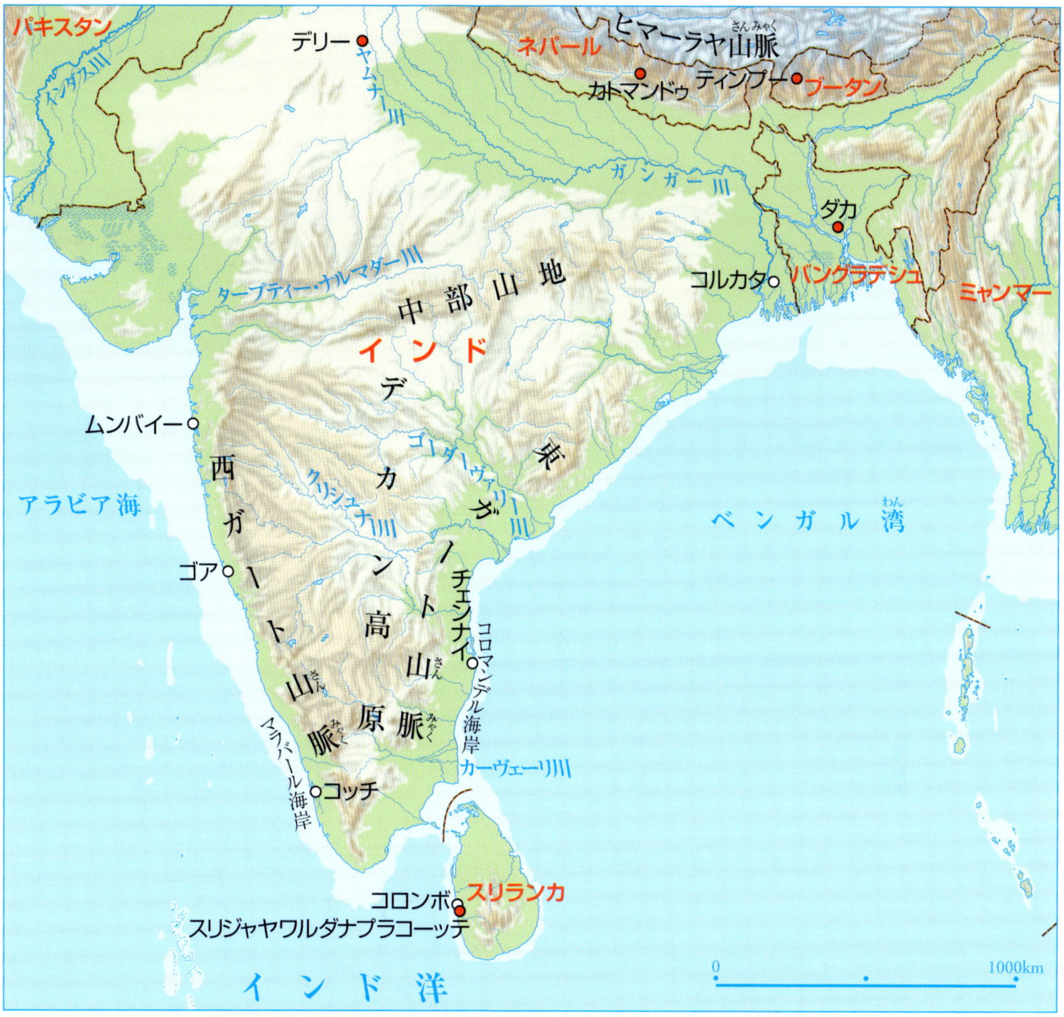

[南アジアの気候]

1月には北からの乾燥《かんそう》した風が吹《ふ》き、雨がほとんど降《ふ》らない乾季《かんき》となるが、7月には南西から湿《しめ》った季節風（モンスーン）が吹《ふ》いてきて、南西の海岸部や北東の山地には多量の雨が降《ふ》る。これがこの地方特有の雨季である。

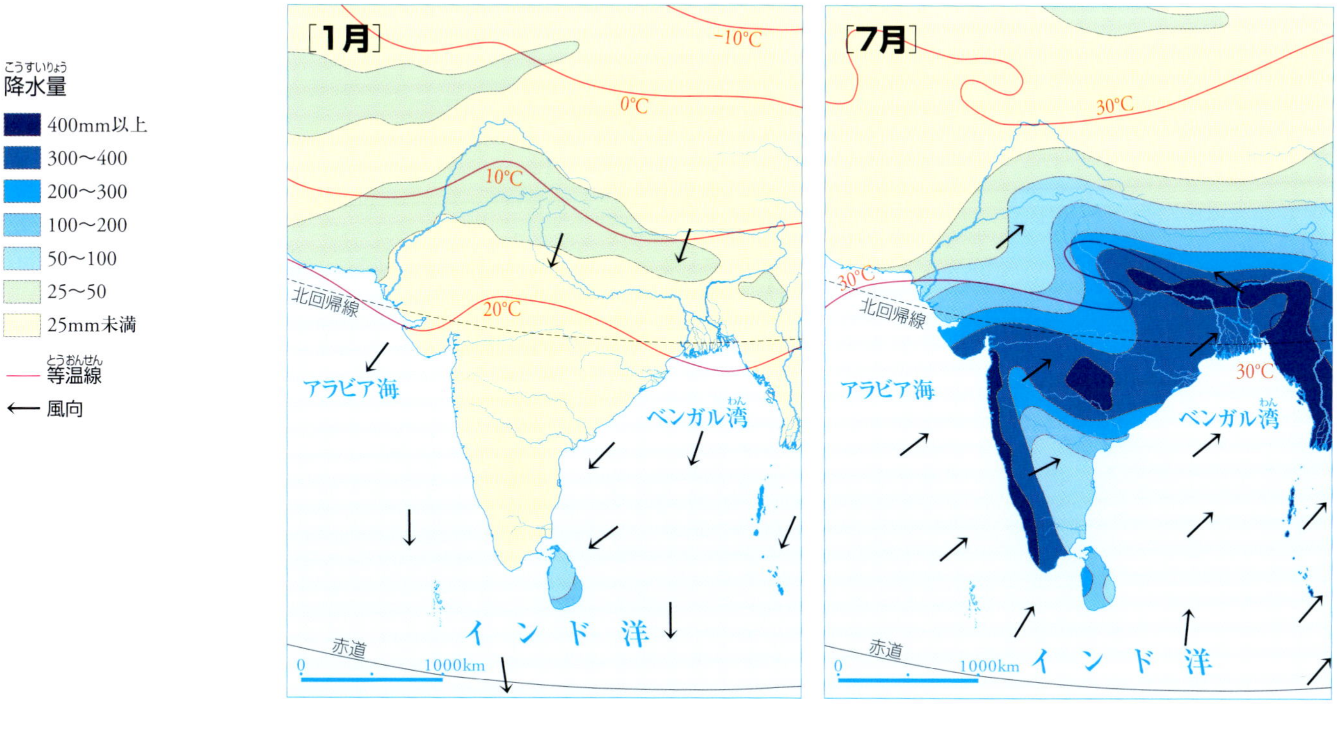

ことばのるつぼ

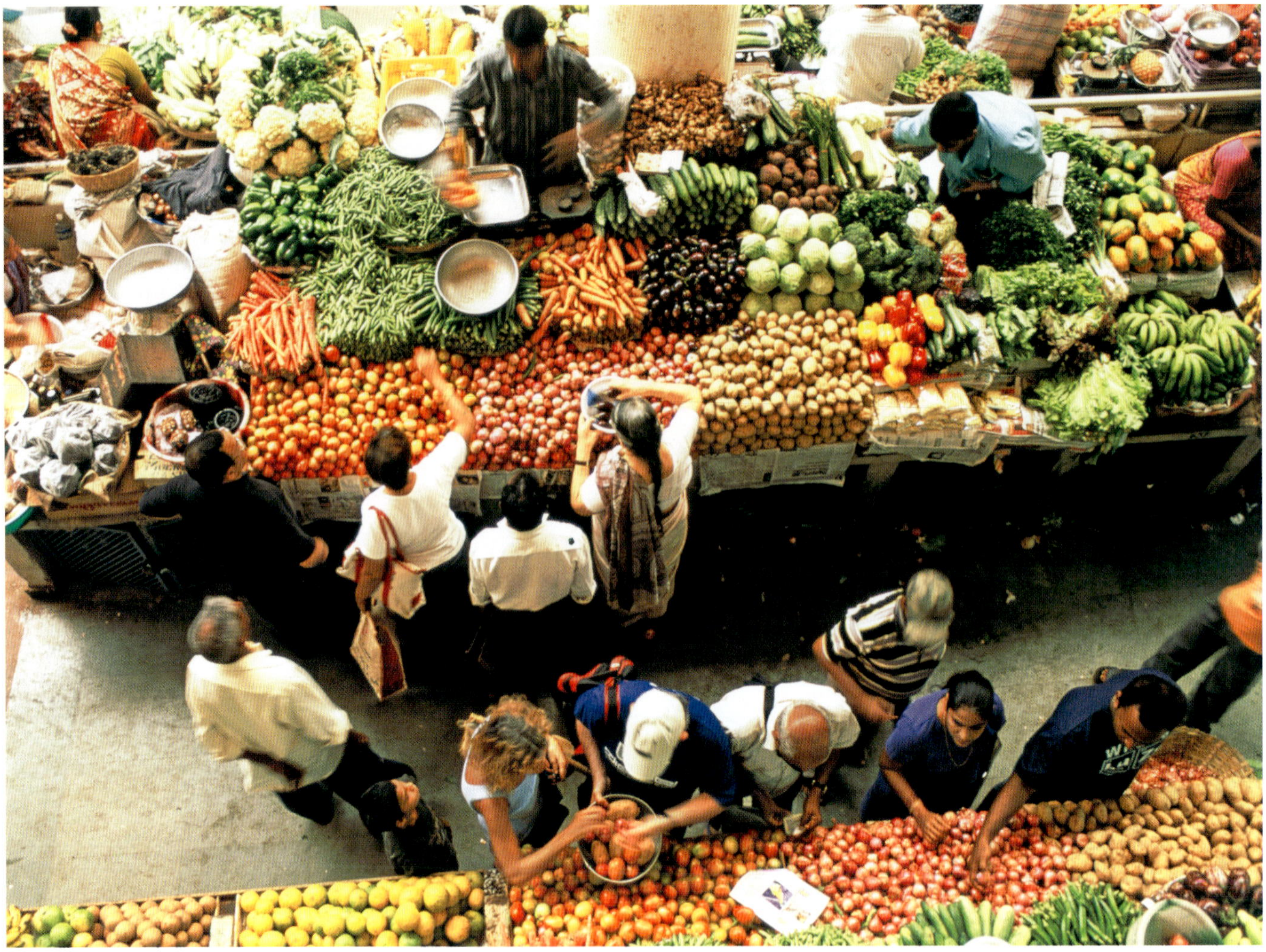

ありとあらゆる野菜や果物が持ち込《こ》まれるインド・ゴアの旧市街《きゅうしがい》の市場。いろんなことばがあふれるように飛び交い、商《あきな》う品も大変な量だが、売れ行きは早く、常《つね》に新鮮《しんせん》である（インド・ゴア州）。

南アジアの半島部では、じつにたくさんのことばが使われています。同じ祖先《そせん》をもつ、いくつものことばのグループを「語族《ごぞく》」といいますが、それがこの地域《ちいき》ではさまざまに入り混《ま》じっていて、そのようすは大変複《ふく》雑《ざつ》です。そもそも12億以上の人口を抱《かか》えるインド全体では、1600とも1700ともいわれる異《こと》なったことばが話されているといいます。中でも話者人口《わしゃじんこう》が最大なのは北部のヒンディー語（約4.2億人）で、インドでは英語とならんで国の公用語《こうようご》ですが、半島部から東部にかけては言語がさらに細かく分かれていて、南インドからスリランカ、東南アジアの一部でも話されているドラヴィダ語族のタミル語のように6500万人もの人が使う大言語があれば、わずか100人以下の人しか話していない言語もあるなど、じつにさまざまです。

ことに数多くの少数民族が住んでいる地域《ちいき》では、多くのことばが細かく分布《ぶんぷ》しています。それは、内陸部に暮《く》らす民族の多くが、外の文化が簡単《かんたん》には入ってこられない山地の環境《かんきょう》のもとで、独自《どくじ》の文化を守り続けてきたからです。

ただ、そうした人々も、定期市《ていきいち》や祭りのときなどには平地に下りてきます。そこには大勢《おおぜい》の人々が集まってきて、いろんなことばが行きかいます。群集《ぐんしゅう》の中に身を置き、色とりどりの服装《ふくそう》などに眼《め》をやるのも楽しいものです。

[南アジアの言語分布《ぶんぷ》]

北部を中心とした大部分は、４億２千万人という南アジア最大の話者人口《わしゃじんこう》を持つヒンディー語など、インド・ヨーロッパ語族《ごぞく》のことばが多く話されている。いっぽう、南部ではドラヴィダ語族のさまざまな言語が有力だが、そのいずれとも系統《けいとう》が異《こと》なる言語集団もあり、その分布《ぶんぷ》はきわめて複雑《ふくざつ》である。

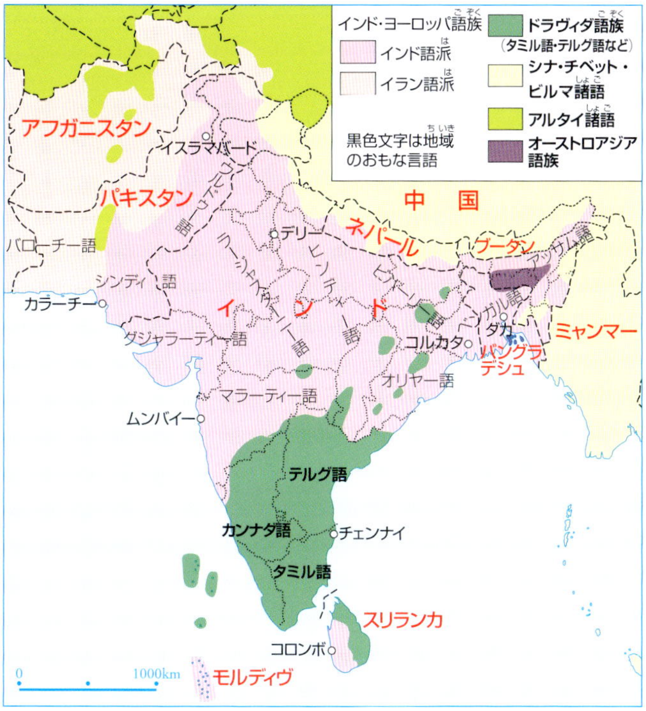

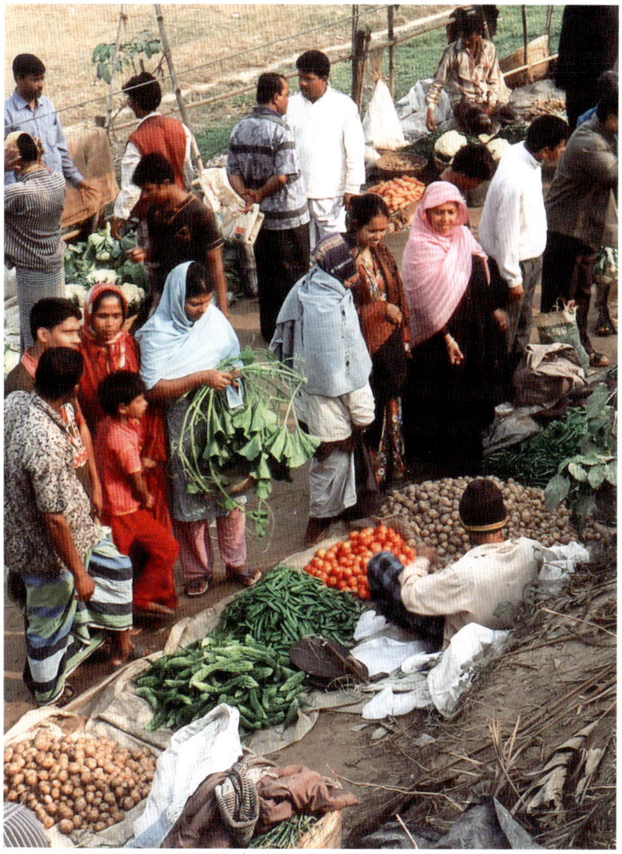

村の人々が野菜を持ちよる定期市《ていきいち》。週に１度か、月のうちの決まった日に開かれ、お祭りのようなにぎやかさが楽しい（バングラデシュ・ダカ近郊《きんこう》）。

ことばによって文字も異《こと》なる。その主なものを新聞の題字や見出しで見てみよう。左側のヒンディー語からオリヤー語までは、北インド系《けい》の文字である。その下のウルドゥー語はパキスタンや北インドの一部で使われているが、文字は西アジアで広く用いられるペルシア＝アラビア系の文字である。右側のタミル語からシンハラ語までは、南インド系《けい》の文字（ただしシンハラ語そのものは、北インド系《けい》の言語）。その下のチベット語・文字はブータンなどで用いられている。

ヒンディー語

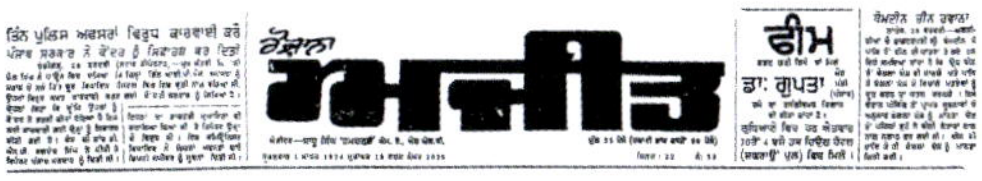
パンジャービー語

グジャラーティー語

ベンガル語

オリヤー語

ウルドゥー語

タミル語

テルグ語

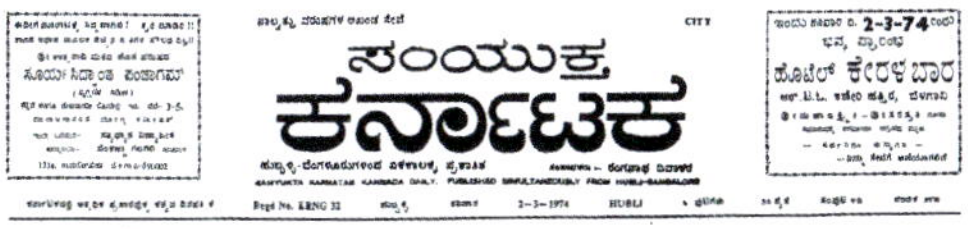

カンナダ語

マラヤーラム語

シンハラ語

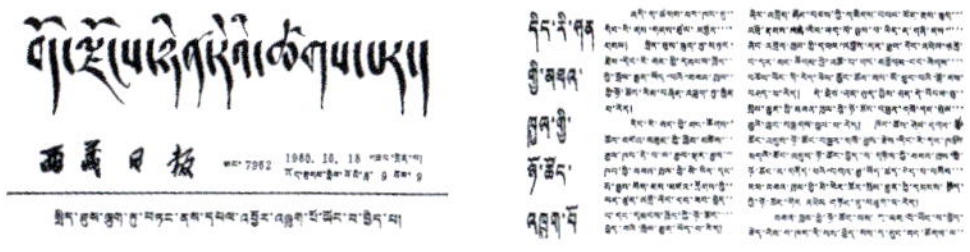
チベット語

雨季を待つコメと雑穀《ざっこく》

コメ

雨のあと、水をたたえた田で、ウシにスキを引かせて代《しろ》かきをする。水田の泥《どろ》をならして平らにし、苗《なえ》の根つきをよくするための整地《せいち》作業だ(インド・タミルナードゥ州)。

田植えの風景。
やや乾《かわ》いた田なら、代《しろ》かき後に種を直接《ちょくせつ》ばらまくこともあるが、ふつうは苗代《なわしろ》に種をまき、20日ほどで田に植えかえる。ただし日本とちがって、田植えのさい、縦横《たてよこ》の列の並《なら》びはあまり気にしない(インド・タミルナードゥ州)。

反対側に重石《おもし》を付け、水桶《みずおけ》がバネのように跳《は》ね上がるハネツルベを使って、水路からくみ上げた水を田に流し込《こ》む(インド・ビハール州)。

イネの脱穀《だっこく》。田植えから3ヵ月あまりで刈《か》り取ったイネは、乾燥《かんそう》したのちに板の上に叩《たた》きつけて脱穀《だっこく》し、もみを取る(インド・カルナータカ州)。

日本でも夏になる前、じめじめとした蒸《む》し暑い梅雨《つゆ》の季節がありますが、南アジアでもことに南部と東部では、4～6月を頂点《ちょうてん》とする暑い夏のあとに、大量の雨が降《ふ》りだす季節がやってきます。じりじりと照りつけるだけだった空にやがて黒雲がひろがり、ポツリ、そしてザアッと待ちに待った雨が来ると、子どもたちは家から飛び出してきて踊《おど》りまわります。7～9月の雨季の到来《とうらい》です。

この季節の雨の恵《めぐ》みがイネを育てます。大量の水を必要とするイネは、季節風(モンスーン)の吹く蒸し暑い地域《ちいき》にむいた作物なのです。ちなみに、日本もそうした地域《ちいき》のひとつです。

農民は忙《いそが》しい。遅《おそ》くとも雨の来る7月より前にはウシを使って田の代《しろ》をかかせ、1ヵ月後に田植え、その3ヵ月後には、もう刈《か》り取りです。生育が早いので、収穫《しゅうかく》を終えた田にはまた早苗《さなえ》を植え、イネの二期作《にきさく》、あるいは時期をずらしての連作《れんさく》も行われます。こうして11月近くになっても、刈《か》り取りをしている田の横で田植えをしている風景すら見ることができます。

南～中部インドでは、やはり雨季のあいだに雑穀《ざっこく》を植えて、およそ3ヵ月後に収穫《しゅうかく》します。雑穀《ざっこく》とは、アワ、ヒエ、キビ、モロコシ(トウキビ)などをまとめて呼《よ》ぶことばです。雑穀《ざっこく》とはいえ、これらはコメと並《なら》ぶ立派《りっぱ》な主食材で、人々はコムギのようにこれらを粉《こな》にひいて、薄焼《うすや》きパンのローティーかおかゆにして食べます。雑穀類《ざっこくるい》の起源《きげん》は遠くアフリカのニジェール川流域《りゅういき》とされ、南アジアでは、東アジア原産のコメより古くから作られていたとの説もあります。栽培《さいばい》しやすく、たくさん収穫《しゅうかく》できるので、南アジアでも重要な作物となっています。

雑《ざっ》穀《こく》

上・右―モロコシ(トウキビ)の穂《ほ》。インドではジョワールと呼《よ》ばれる。
植え付けと収穫《しゅうかく》は、イネとほぼ同じころに行われる(インド・マハーラーシュトラ州)。

モロコシの脱穀《だっこく》と、集められた穀粒《こくりゅう》。穂《ほ》を直接《ちょくせつ》火にあぶって
食べても、香《こう》ばしくておいしい(インド・マハーラーシュトラ州)。

モロコシの粉《こな》で作ったローティー。ローティーは一般的《いっぱんてき》には
コムギ粉《こ》製《せい》だが、モロコシ製《せい》のローティーはややモソモソしていて、
水気がほしくなる(インド・マハーラーシュトラ州)。

コメ料理のさまざま

南アジア南部から東部にかけての主食は、わたしたちと同様にコメです。コメはご飯として炊《た》きあげたもののほか、じつにさまざまな料理法で食べられています。ただ、炊《た》くにしても日本の炊《た》き方とはちがって、コメがゆだるとお釜《かま》をさかさにしてゆで汁《じる》を捨《す》ててしまい、あとは余熱《よねつ》で蒸《む》し上げるのです。湯取《ゆど》り法《ほう》というやりかたです。

南アジアのコメは日本のコメとちがって細長くて大きく、ただでさえ粘《ねば》りが少ないうえに、ゆで汁《じる》を捨《す》ててしまいますので、さらさらした感じのご飯になりますが、これが南部や東部の汁状《しるじょう》のカリーに、とてもよくあうのです。ただし、コメの品種や炊《た》き方には地方差があり、インド東部のアッサム地方などでは、わざわざ半ゆでにした芯《しん》のある炊《た》き方が好まれます。また、やはり東部のベンガル地方やオディシャー地方では、おかゆか雑炊《ぞうすい》に似《に》た料理のキチュリも作ります。

炊《た》く以外の料理も、ことに南インドにはたくさんあります。発酵《はっこう》させたコメ粉《こ》をモチ状《じょう》に蒸《む》し上げたイドゥリや、コメとマメを水にひたしてつぶし、生地《きじ》を発酵《はっこう》させたものをクレープ状《じょう》に大きく薄《うす》く焼いて、具をはさんで巻《ま》いたドーサーは南部の名物です。

また、コメには豊《ゆた》かさのしるしという意味があり、結婚式《けっこんしき》では新郎新婦《しんろうしんぷ》に、ウコンの根で黄色く染《そ》めた生《なま》ゴメを振《ふ》りかけます。南インドのタミル地方では、収穫後《しゅうかくご》の新年祭である1月のポンガルに、甘《あま》いミルクがゆを炊《た》いてお祝いをします。日本でもコメが、稲霊《いなだま》として祀《まつ》られることが思い起こされますね。

上—コメ粉《こ》をモチのように丸めて蒸《む》したイドゥリ。玄米《げんまい》パンのような食感で、これにカリー汁《じる》をつけて食べる（インド・タミルナードゥ州）。

右—コメ粉《こ》にヤムイモとココナツの粉《こな》を混《ま》ぜて練《ね》り、団子状《だんごじょう》に蒸《む》したケーララ地方のピットゥというスナック（インド・ケーララ州）。

上―南アジアのコメはおおむね細長く、香《かお》りのよいインディカ種のインド米である。短くて太い日本米(ジャポニカ種)も手に入るが、粘《ねば》りが強すぎるとしてあまり好まれず、値段《ねだん》も比較的《ひかくてき》安い。その他、色や形、香《かお》りや味などでいくつもの等級《とうきゅう》があり、値段《ねだん》も大きくちがう(インド・チェンナイ)。

上―南インドで「アワル」と呼《よ》ばれるコメの加工品(インド・チェンナイ)。蒸《む》したコメをつぶして乾燥《かんそう》させたもので、保存《ほぞん》がきき、虫もつかない。使うときには水で戻《もど》し、スパイスや野菜と混《ま》ぜ、炒《いた》めたりして食べる。

左―湯取《ゆど》り法《ほう》でコメを炊《た》く。コメに火が通ったところで釜《かま》をさかさにしてゆで汁《じる》を捨《す》て、あとは余熱《よねつ》で蒸《む》し上げる(バングラデシュ・ダカ)。

上―こうして炊《た》いたご飯はパラパラとしていて、おなかにもたれることがない(インド・チェンナイ)。

左端《ひだりはし》―南インド料理の定番、ドーサー(左)。パリッと焼いたクレープ状《じょう》の食感が美味。香辛料《こうしんりょう》や野菜をすりつぶした付け合わせのチャトニーや、ヨーグルトなどをつけて食べる。本来は北インド起源《きげん》であるプーリーと並《なら》んで、最近ではインド中に広がり、どこでも食べられる(インド・ニューデリー)。

左―プーリーと煮《に》た野菜のみの南インドの朝食。あっさりとしているが美味(インド・チェンナイ)。

上―油を使う炒《いた》めご飯のプラーオや、さらにその上に肉をのせたビリヤーニは北部でのごちそう(インド・ハリヤーナー州)。

魚獲《と》る人々

右―夕方の魚市《うおいち》。カマスやタチウオのような魚、また新鮮《しんせん》なエビ・カニなどが、山のように積まれて売られている（インド・ケーララ州）。どれもアラビア海産のとれたてで、おいしくて安い。

右上―アジに似《に》た魚を売る男性《だんせい》（インド・ケーララ州）。ぶつ切りにして唐揚《からあ》げにしたり、香辛料《こうしんりょう》とともにバナナの葉で包んで、香《かお》り高い蒸《む》し焼きにしたりする。

右下―ぷりぷりとした生きのよいエビ。大・中・小の種類があるが、中サイズが一番よく売れる（インド・ケーララ州）。

西はイランにまで達するアラビア海沿岸《えんがん》、東はバングラデシュのベンガル湾岸《わんがん》、そしてインド洋に大きく張《は》り出した巨大《きょだい》な半島をなす南インド。しかし、これだけ海に囲まれていながら、海での漁業があまりさかんでないのはやや意外です。

いうまでもなく、漁業はタンパク源《げん》を得る重要な手《しゅ》段《だん》の一つですが、南アジアでは、自家用というよりは、むしろ海産物を輸出《ゆしゅつ》して外貨《がいか》を得る率《りつ》のほうが高いようです。しかもその漁場は、遠洋にでることのない沿岸《えんがん》漁業が主で、その規模《きぼ》もあまり大きいものではありません。

沿岸部《えんがんぶ》で獲《と》れた海の魚は冷凍《れいとう》されて、海外（特に日本）で人気のある養殖《ようしょく》の小エビとともに、大量に輸出《ゆしゅつ》されています。海産物の加工品も輸出《ゆしゅつ》向けに開発されつつあり、今後はさらに、冷蔵《れいぞう》・貯蔵《ちょぞう》・加工・流通などでの工夫《くふう》が課題です。

統計《とうけい》を見ると、海よりもむしろ内陸の河川《かせん》などでの漁業が、全体の5割弱《わりじゃく》を占《し》めています。ことにバングラデシュでは、人々が口にするタンパク質《しつ》の8割《わり》以上が魚からのもので、しかもそのうちの9割《わり》が川魚です。危険《きけん》な海よりも、川をめぐる日々の暮《く》らしには、漁業や交通・交易《こうえき》を通じての古くからの愛着があり、何よりも、川魚には海の魚のような臭《くさ》みがなく、甘《あま》くておいしいと考えられています。

左—波のない穏《おだ》やかな潟《かた》や入江《いりえ》に下ろされる、チャイニーズ・フィッシング・ネット（中国の魚網《ぎょもう》）と呼《よ》ばれる四《よ》ツ手網《であみ》。
この漁法は16～17世紀ころに、ポルトガル人が中国南部のマカオから伝えたという（インド・ケーララ州）。
左下—四《よ》ツ手網《であみ》を引き上げる男たち。岸辺の小魚がねらいだが、一網打尽《いちもうだじん》というほど効率《こうりつ》が良いわけではない（インド・ケーララ州）。

上—竹を組んだ小型の川舟《かわぶね》。小回《こまわ》りがきくので、短距離《たんきょり》の移動《いどう》や釣《つ》りなどに便利《べんり》（バングラデシュ・ダカ地区、著者撮影《ちょしゃさつえい》）。
中—内陸の池や沼《ぬま》のようなところでは、このようなザルのような舟《ふね》で魚を獲《と》る。竿《さお》なしに、釣糸《つりいと》か小さな投網《とあみ》を投げる（インド・カルナータカ州）。

左—静かな入江《いりえ》に漁から戻《もど》ってきた漁船。背後《はいご》に作りかけの小型の帆船《はんせん》が見える（インド・ケーララ州）。
下—海中に立てた竿《さお》に足でつかまり、一本足で釣《つ》りをするスリランカの漁民（スリランカ南部）。

2 海を越《こ》えた文明

季節風《モンスーン》と遠距離交易《えんきょりこうえき》

［海の道と交易品《こうえきひん》］
半島部の西海岸と西アジア・アフリカ各地との交易《こうえき》は、すでに4500年も前から行われていた。
また東海岸と東南アジア・中国との交易《こうえき》も、2300年も前から行われていたとされている。取引された品物は、綿《めん》や絹織物《きぬおりもの》から象牙《ぞうげ》、香料《こうりょう》、薬用とされたサイのツノやクジャクのようなものにまで及《およ》び、めずらしい贅沢品《ぜいたくひん》が主であった。

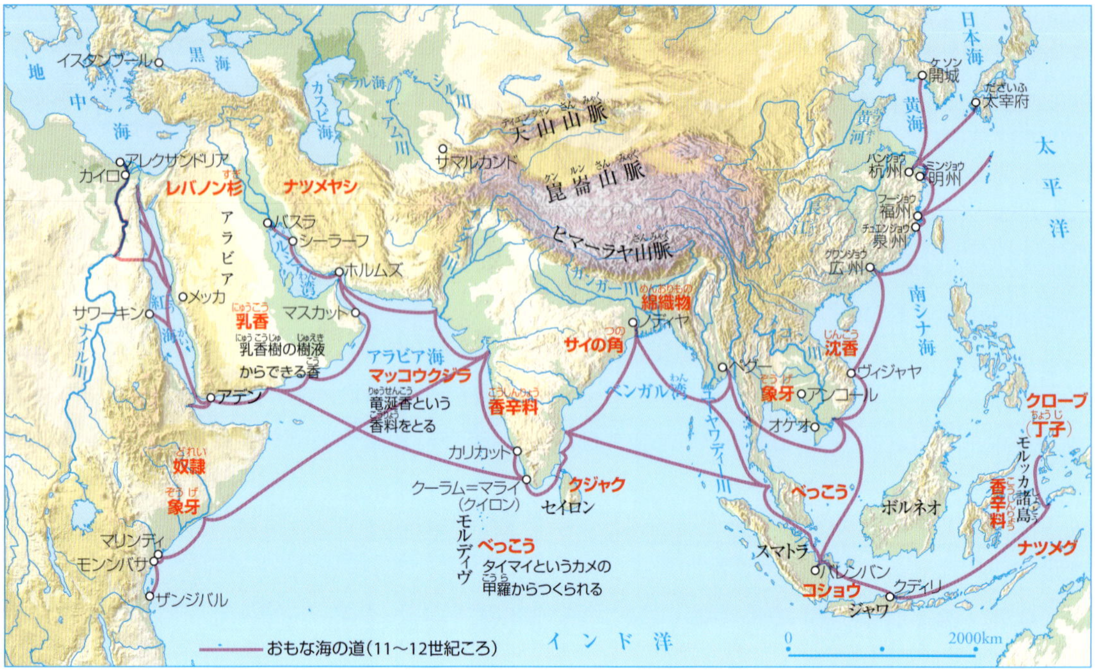

陸を囲む海は、陸を孤立《こりつ》させるでしょうか。いいえ、海は陸にさまざまなものや人、情報《じょうほう》を送り込《こ》み、また送り出す開かれた道を用意しています。海の道を通ってきた豊《ゆた》かな文物《ぶんぶつ》は海辺に集まり、また同様に陸の道を通じて海辺に集まった文物もそこで出会い、たがいに交流して、より豊《ゆた》かな発展《はってん》をとげます。その両者をつないだのが海辺に発達した「港市《こうし》」で、それを中心としたいくつもの王朝が、南アジア半島部東西の沿《えん》岸《がん》に栄えました。

このような海を越《こ》えた交易《こうえき》は、すでに4500年も前から、いまのパキスタンにおこったインダス文明と、イラクにおこったメソポタミア文明とを結んで行われていた証拠《しょうこ》があります。さらに、2000年ほど前のローマとの交易《こうえき》のあとは、もっとはっきりした形で半島部の東西沿岸《えんがん》に見られるようになります。

このような遠距離交易《えんきょりこうえき》がさかんになったのは、当時「ヒッパロスの風」と呼《よ》ばれた季節風（夏の南西風、冬の北東風）が知られるようになり、それを利用した航海術《こうかいじゅつ》が発達してきたことによります。8世紀以降《いこう》のアラビア人航海者たちはこれをマウシム（季節の意味、モンスーンの語源《ごげん》）と呼《よ》び、航海術《こうかいじゅつ》をみがいて海路をひらき、東南アジアの港市《こうし》も訪《おとず》れて、この地についての知識《ちしき》をたくわえました。さらに15〜16世紀になると、ヨーロッパ諸国《しょこく》はこうしたアラビア人航海者たちの知識《ちしき》を踏《ふ》まえて、いわゆる「大航海時代《だいこうかい》」に乗り出してくるのです。

この時代にポルトガル領《りょう》とされたインド西海岸のゴアの旧市街《きゅうしがい》には、かつての面影《おもかげ》を強く残す、ポルトガル風の建物がいまも残っています。耳を澄《す》ませば、細い路地から、やや古めかしいポルトガル風の唄《うた》や舞曲《ぶきょく》が聞こえてくるかもしれません。

右—航海者ヴァスコ・ダ＝ガマの肖像《しょうぞう》。
15～16世紀のいわゆる「大航海時代《だいこうかいじだい》」には、
ポルトガルをはじめとするヨーロッパの
勢力《せいりょく》が、アラビア海を通じてアジアに
入ってきた。ガマは1498年に現在《げんざい》の
ゴアに到着《とうちゃく》、1510年にはポルトガルの
艦隊《かんたい》がゴアの支配者層《しはいしゃそう》を破《やぶ》って、
この地にポルトガルの
リスボンになぞらえた都市を建設《けんせつ》し、
ポルトガルのアジアにおける
交易《こうえき》とキリスト教伝道の拠点《きょてん》とした。
右端《みぎはし》—かつて「黄金のゴア」と呼《よ》ばれた
旧市街《きゅうしがい》の中心部も、いまはさびれてはいるが、
16～17世紀以来の建物も、まだいくつか残っている。
写真は旧市街《きゅうしがい》に立つ、副王《ふくおう》と呼《よ》ばれた
ポルトガル人支配者《しはいしゃ》の門で、階上にはガマの像《ぞう》が見える。
フランシスコ・ザビエル（1542年と1552年に来訪《らいほう》）や、
日本の天正少年使節《てんしょうしょうねんしせつ》（1583年と87年に来訪《らいほう》）も、
この門をくぐったのだろうか（インド・ゴア州）。

下—雨季のゴア。西海岸のゴアは豊《ゆた》かな港として発達し、
古来アラビア海を通じての交易《こうえき》の拠点《きょてん》であったが、
16世紀のはじめから1961年までの長期にわたって
ポルトガルの植民地《しょくみんち》であったため、いまもその影響《えいきょう》が暮《く》らしのうちに見える。

上—飲めや歌えといった雰囲気《ふんいき》のバー・レストランのポスター。
酒はイスラーム国のパキスタンはもとより、インドでもおおむね禁《きん》じられているか
あまり飲まれないが、ゴアではココヤシやアーモンドから作る、
強い蒸留酒《じょうりゅうしゅ》のフェニが有名（インド・ゴア州）。
下—ヴィンダールーという名で知られるゴアのポルトガル風カリーの材料。
南アジアの他地域《たちいき》では宗教上《しゅうきょうじょう》の理由からあまり食べられないポークもビーフも、
ここではふんだんに食べられる。香辛料《こうしんりょう》は香《かお》りの強いクローブとシナモンを
はじめとするさまざまなものが使われるほか、ニンニク、タマネギ、トウガラシも
かなり入れ、ワインでじっくりと味をととのえる（インド・ゴア州）。

インド洋を走る帆船《はんせん》

インド洋・アラビア海を越《こ》えた遠《えん》距離《きょり》の海上交易《こうえき》というと、どうしても15世紀以降《いこう》の、ヨーロッパ諸国《しょこく》の活動を思い描《えが》いてしまいますが、じつはアラビア海を通じては、先に触《ふ》れたように、4500年あまりも前から、古代文明のあいだに海路による行き来があったことがわかっています。その中間での交易《こうえき》を取り持っていたのが、中東のペルシア湾《わん》岸地域《がんちいき》の港市《こうし》でした。

いまや超近代的《ちょうきんだいてき》な高層《こうそう》ビルが立ち並《なら》ぶ湾岸《わんがん》のこれらの都市には金銀の装身具類《そうしんぐるい》が集まり、世界中の最新・最高のファッションがショーウィンドウを飾《かざ》ります。しかし、一歩裏道《うらみち》に入ると、そこには古い家々や店が並《なら》び、ダウと呼《よ》ばれる昔ながらの木造帆船《もくぞうはんせん》を作っている工房《こうぼう》にも行き着くことでしょう。

そこで働く多くの人々は、南インドのケーララ州やスリランカ出身の大工たちで、かつてと同様、ダウ船の航路の水先案内人《みずさきあんないにん》でもあります。ダウ船は20～100人ほどが乗る小型の帆船《はんせん》ながら、西は遠く東アフリカの沿岸部《えんがんぶ》から、東は東南アジアにまで、各地それぞれの特産物を積んで航行します。遠距離交易《えんきょりこうえき》の主役として活躍《かつやく》する彼《かれ》らの航海知識《ちしき》は、古代文明の時代以来の数千年にわたる蓄積《ちくせき》を思わせます。

上—港を埋《う》めるダウと呼《よ》ばれる木造帆船《もくぞうはんせん》。ダウ船はアフリカの東海岸から東南アジアまで、コメ・果物・香辛料《こうしんりょう》・木材など、生活に密接《みっせつ》にかかわるたくさんの荷を積んで走った（スリランカ・コロンボ）。昨今では、南アジアから中東諸国《しょこく》への多くの出かせぎ人も乗せている。

右—建造中《けんぞうちゅう》の帆船《はんせん》。ダウ船を組み立てたり修理《しゅうり》をするドックは、インド南西部のマラバール海岸部、ことにケーララ地方に多く見られる。完成後は、ダウは発注者であるアラビア湾岸《わんがん》の船主《せんしゅ》に引き渡され、大工たちも自ら船員として乗りこんで働く（インド・ケーララ州）。

上—16世紀の修道院《しゅうどういん》の壁《かべ》に彫《ほ》られた船（インド・ゴア州）。こうした中世の帆船《はんせん》のようすはいまとほとんど変わらず、インドネシアのボロブドゥールやカンボジアのアンコールワットの浮彫《うきぼり》にもみられる。

左—ベンガル湾《わん》から南シナ海に入ると、中国式の帆船《はんせん》、いわゆるジャンクが目立つようになる（中国・海南《ハイナン》島付近）。曲線の美しい大型の帆《ほ》が特徴《とくちょう》のジャンクは、東南アジアと中国南東部の港市《こうし》を結んで走った。

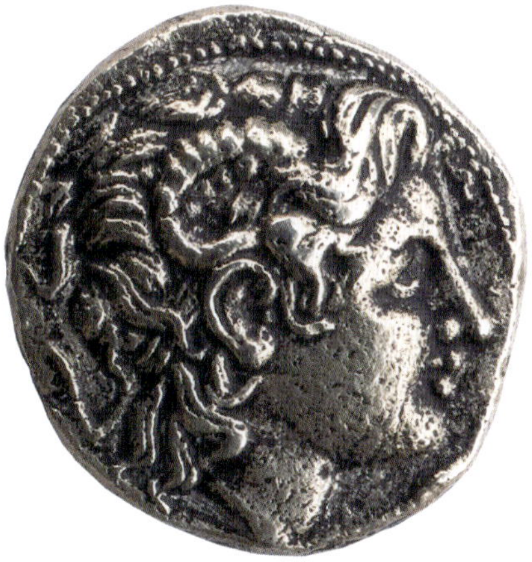

上─南インドから東南アジアにかけての港の遺跡《いせき》からは、このような紀元前から紀元後初頭の、古代ローマ帝国《ていこく》の金貨《きんか》・銀貨《ぎんか》が見つかっている。はるか地中海にまで通ずる遠距離《えんきょり》交易《こうえき》が、この時代に行われていた証拠《しょうこ》である（インド・タミルナードゥ州）。

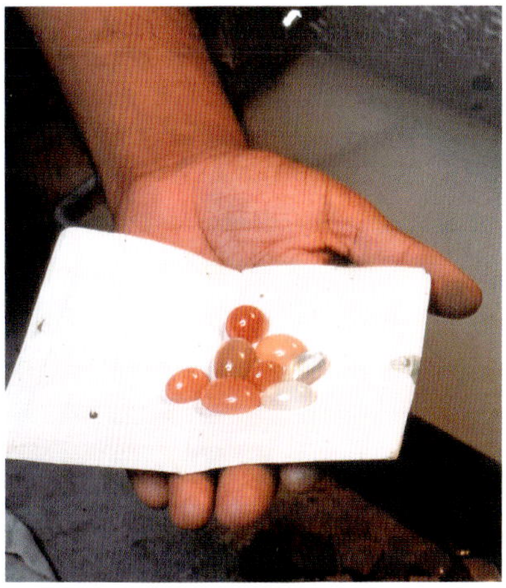

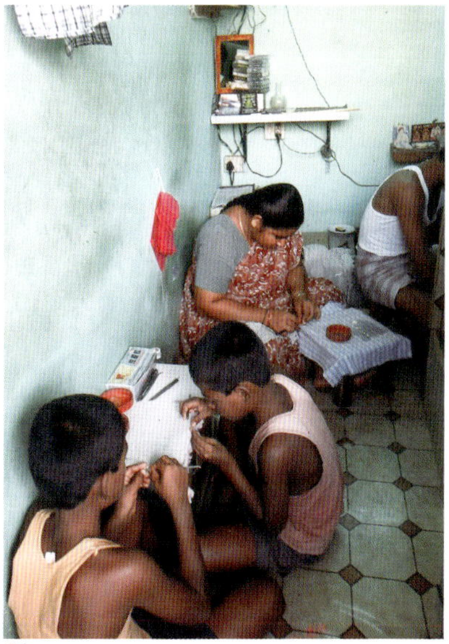

上2点─宝石・貴石《きせき》類、なかでも透明《とうめい》で赤く輝《かがや》く紅玉髄《こうぎょくずい》（インド・グジャラート産）や、空色のトルコ石（イラン産）、深い藍色《あいいろ》の瑠璃《るり》（アフガニスタン産）の人気は高く、ビーズやペンダントなどに加工されて、南アジアの港市《こうし》から、西はエジプト、東は東南アジアや中国にまで輸出《ゆしゅつ》されていた。ただし、右上の写真のビーズは安価《あんか》なガラス製《せい》。

中2点─宝石や金細工を磨《みが》く職人《しょくにん》とその家族（インド・タミルナードゥ州）。

左─ヨーロッパ諸国《しょこく》がことに熱望《ねつぼう》したのが、南～東南アジア諸国《しょこく》に産するあのさまざまな香辛料《こうしんりょう》、スパイスであった。それらはことに肉料理の味をよくするのみならず、薬や防腐剤《ぼうふざい》としても役立った。長い危険《きけん》な航海を経《へ》てはるばるもたらされた香辛料《こうしんりょう》は、金と同じ値段《ねだん》で計られたとすらいう。いまはスパイスも、無造作《むぞうさ》に露店《ろてん》で売られている（インド・チェンナイ）。

右─中東の島国・バーレーンのスゥク（バーザール）で見かけた見事な果物。これらはみな、パキスタンからダウ船で運ばれてきたものだ（バーレーン・マナーマ、著者撮影《ちょしゃさつえい》）。

3 暑さへの工《く》夫《ふう》

木《も》綿《めん》で涼《すず》しく

もう50年以上も前のことです。「暑いインド」に留学《りゅうがく》して3、4年も暮《く》らすのだから、服はナイロン製《せい》の半そでシャツがいいだろうと、4、5枚《まい》も荷物に入れたのでした。ところが留学先《りゅうがくさき》だった東部のコルカタは一年を通して蒸《む》し暑く、ことに最も暑い4～6月の夏には、湿度《しつど》が60～70%もあるところへ気温が40度にもなるので、化繊《かせん》のシャツだと汗《あせ》で肌《はだ》にまとわりついて、じつに不快《ふかい》な思いでした。

のちにインド北西の乾燥《かんそう》地帯、ラージャスターンのようなところでも暮《く》らしましたが、そこでは気温が50度にもなるのに、湿度《しつど》が20～30%ですので、汗《あせ》が出てもすぐ乾《かわ》き、さほどの不快感《ふかいかん》をおぼえませんでした。こうして、「暑さ」には全く性質《せいしつ》が異《こと》なる2種類があることを知ったのです。

季節風(モンスーン)の影響《えいきょう》を受ける高温多湿《たしつ》な半島部の沿岸《えんがん》、またベンガル湾岸《わんがん》から東インド一帯にかけては、木綿《もめん》の一枚布《いちまいぬの》が一番なのです。木綿《もめん》は汗《あせ》をよく吸《す》い、洗濯《せんたく》もかんたんなうえ乾《かわ》きやすく、しかもゆったりと着こなせば風通しもよいという特性《とくせい》があります。民族衣装《いしょう》である木綿《もめん》のサリーやドーティーは、インドのこの地方の人たちにとって手ばなせません。

それにしても、ことに女性《じょせい》が洋装《ようそう》をせず、ほとんどいつもサリー姿《すがた》なのはなぜでしょうか。そこにはヒンドゥー教独特《どくとく》の「浄《じょう》(清らかさ)」を大切にする観念《かんねん》も働いているのでしょうが(5巻《かん》28ページを見よう)、まずは衣服が民族の証《あかし》であり、誇《ほこ》りでもあるからです。洋装《ようそう》は外国人か、未成年の子どものものであって、立派《りっぱ》な大人である女性《じょせい》が着るべきものではないのです。

上―郊外《こうがい》の井戸《いど》から水をくんでくるサリー姿《すがた》の女性《じょせい》たち(インド・カルナータカ州)。
右―着飾《きかざ》った少女。初潮《しょちょう》を迎《むか》える10～12歳《さい》ころになると、これまでの少女から成人した女性《じょせい》へと変わったとみなされ、服装《ふくそう》もサリー姿《すがた》に一変して、南部では成女式《せいじょしき》が祝われる。きらびやかなアクセサリーも、大人になったことを祝うためのもの(バングラデシュ・ダカ近郊《きんこう》)。

上左—洗いやすく、清らかだともされるステンレスの食器を丹念《たんねん》に選ぶ、丈《たけ》の長いワンピース（カミーズ）とシャルワール姿《すがた》の女性《じょせい》たち。少なくとも足元は、一枚布《いちまいぬの》を体に巻《ま》きつけるサリーよりも、ズボンのようなシャルワールのほうが動きやすいとも言う（インド・コルカタ近郊《きんこう》）。
上中—ヒンドゥー教の寺院に詣《もう》でる、さっぱりとしたサリーで身を包んだ女性《じょせい》たち。宇宙《うちゅう》の根源《こんげん》とされる石像《せきぞう》に、ミルクや花を捧《ささ》げる（インド・チェンナイ）。
中左—ジャイナ教（5巻《かん》44ページを見よう）教祖《きょうそ》の生誕祭《せいたんさい》。このようなときには、やはり清らかな純白《じゅんぱく》の木綿《もめん》の正装《せいそう》でお参りをするのがふさわしい（インド・ニューデリー）。

左—男性《だんせい》はふつう洋装《ようそう》である。民族衣装《いしょう》のドーティー（5巻《かん》28ページを見よう）は畑の仕事着ともなるが、本来は正装《せいそう》である。左の青年が肩《かた》からかけている長い布《ぬの》（チャーダル）は、ショールやマフラーとしてだけでなく、風呂敷《ふろしき》にも敷物《しきもの》にもなる便利《べんり》なものだが、純白《じゅんぱく》の木綿《もめん》なら、おしゃれな肩《かた》かけにもなる（インド・バナーラス）。

上—モダンな洋装《ようそう》の女の子。マクドナルドで買ったトマトジュースを飲んでいる（インド・ニューデリー）。
下—屈託《くったく》のない南インドの子どもたち。サリーも、洋装《ようそう》のスカートであっても、なるべく足を見せないように着る（インド・チェンナイ、著者撮影《ちょしゃさつえい》）。

暑さをしのぐ家

泥《どろ》の家

左―厚《あつ》い土壁《つちかべ》の家。壁《かべ》は結婚式《けっこんしき》や祭りのさいに塗《ぬ》り替《か》えられる。軒先《のきさき》の土壇《どだん》は憩《いこ》いの場であり、来客を迎《むか》えるのもここである（インド・西ベンガル州、著者撮影《ちょしゃさつえい》）。

下―家の前面の壁《かべ》に農作業の道具がかかっていて、ここが農作業の場でもあることがよくわかる。はからずも、見事な飾《かざ》りのようになっている（インド・オディシャー州、著者撮影《ちょしゃさつえい》）。

高温多湿《たしつ》な気候の地方では、暑さと風雨にどのように耐《た》えるかというのが大きな関心事です。北西の内陸部のように雨もほとんど降《ふ》らない地方では、屋根は平《ひら》屋根《やね》で壁《かべ》は厚《あつ》く、窓《まど》はあえて小さくして熱い外気をさえぎる工夫《くふう》が見られますが、東部や南部では、雨が流れ下るように屋根は傾斜《けいしゃ》をつけ、しかも藁《わら》などで厚《あつ》く葺《ふ》いているのが特徴《とくちょう》です。雨季の激《はげ》しい風雨にも耐《た》えて崩《くず》れないように、土壁《つちかべ》や柱は厚《あつ》く固く作られています。お金に余裕《よゆう》さえあれば、部分的にでもレンガ造《づく》りとするのが理想的です。

蒸《む》し暑さへの手立てとしては、大きく屋根がかかるようにした軒先《のきさき》に、吹き抜《ぬ》けの広いぬれ縁《えん》（バランダー）がさらに設《もう》けられています。そこは、昼は客や家族の憩《いこ》いの場、あるいは仕事場となり、夜は簡易《かんい》ベッドを持ち出せば、（蚊《か》の襲撃《しょうげき》さえ覚悟《かくご》するなら）快適《かいてき》な露天《ろてん》の寝室《しんしつ》となることでしょう。

かつてインドを統治《とうち》したイギリス人たちが工夫《くふう》したのが、蒸《む》し暑さを避《さ》けるために外に張《は》り出したベランダとバルコニーです（ベランダの語源《ごげん》はヒンディー語のバランダーです）。これらを取りつけた洋館は、レンガに加えて、風を通しやすい木を多用し、外壁《がいへき》に色を塗《ぬ》るなどして、コロニアル（植民地的《しょくみんちてき》）と呼《よ》ばれる建築《けんちく》スタイルとなりました。このスタイルは、日本の明治《めいじ》期の「洋風建築《けんちく》」にも大きな影響《えいきょう》を与《あた》えています。ただし、そのベランダの外面にはガラス窓《まど》を立てまわしたので、サンルームのようなものとなりました。日本ではさらにこれが形を変え、2階から張《は》り出しただけで壁《かべ》のない、いまのベランダのようなものになったのです。

木の家

上―かまぼこ型が美しい先住民《せんじゅうみん》の家。入口が極端《きょくたん》に小さく、他人を寄《よ》せ付けない閉《と》じた空間を確保《かくほ》している。風通しはよさそうだが、強風や豪雨《ごうう》には弱いか（インド・アーンドラプラデーシュ州）。

左上―最も単純《たんじゅん》なつくりの家。掘《ほ》っ立て柱にありあわせの木材やヤシの葉などを葺《ふ》いただけのスラム街の家。しかしこれでは、雨風も十分に防《ふせ》げまい（インド・ムンバイー）。

左中―木で柱や梁《はり》を組みつつ、壁《かべ》やすきまを泥《どろ》レンガや竹、木などでびっしりと埋《う》めている農家（インド・オディシャー州）。

左下―農耕《のうこう》・祖先神《そせんしん》への儀礼《ぎれい》の絵がすきまなく描《えが》かれた、先住民ラートワーの家の内部。人は常《つね》に、神々とともに暮《く》らしていることを思い知らされる（インド・マハーラーシュトラ州。以上、4点とも著者撮影《ちょしゃさつえい》）。

レンガと木の家

中―古くからの交易港《こうえきこう》コッチにイギリス人が建てた高級住宅。アーチ形の窓《まど》や屋敷《やしき》への門、六角形の間取りや屋根などに、洋風の雰囲気《ふんいき》がある。

中下―レンガづくりの建物の各階から木造《もくぞう》のバルコニーを張《は》り出し、屋根付きのベランダをめぐらせた洋風建築《けんちく》。ベランダの部分が白く塗《ぬ》られていて、軽やかな印象を与《あた》えている。

右上―2階の周りに屋根つきのベランダをめぐらせた、いかにも涼《すず》しげな洋風の家。屋根も洋瓦《ようがわら》で、アラビア海を渡ってくる風雨には万全のように見える。

右下―18世紀にオランダ人が建てたというボルガティ・パレス。かつてイギリス総督《そうとく》（植民地《しょくみんち》時代のインドの支配者《しはいしゃ》）も泊《と》まった宮殿《きゅうでん》だが、いまはホテルとなっている。2～3階のすべての前面にベランダがめぐり、高い天井《てんじょう》と大きな窓《まど》が特徴《とくちょう》。アラビア海を見下ろす広々とした明るいサンルームふうの廊下《ろうか》が快適《かいてき》である（4点ともインド・ケーララ州、著者撮影《ちょしゃさつえい》）。

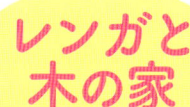

さわやかに辛《から》い食事

上―典型的な南インドの定食ミールス。北インドの定食は、お盆《ぼん》の上に少しずつ料理を盛《も》りつけるためターリー（盆《ぼん》）と呼《よ》ぶが、南ではバナナの葉が食器で、汁気《しるけ》の多いものは小さな金属製《きんぞくせい》の小鉢《こばち》にそれぞれ入れて出す。マメをベースにした辛《から》みの強いコンソメ風スープのラッサム（左のコップのとなり）や、同じくポタージュ風スープのサンバル（ラッサムの右）、それに野菜の炒《いた》め煮《に》のサブジー（手前の葉の上）が定番（インド・チェンナイ）。

下―東部ではベンガル地方一帯、南部ではことにケーララ地方で魚をよく使う。ベンガルではコイと呼《よ》ばれる魚や、コイに似《に》たルイという川魚をぶつ切りにして煮込《にこ》んだマチェル・ジョル、エビのクリーム煮《に》チングリ・マライ、バターフィッシュと呼《よ》ばれるほど脂《あぶら》ののったヒルシャという魚にカラシをまぶした土壺蒸《どつぼむ》し煮《に》がおいしい。魚は煮崩《にくず》れしないように、まずはカラシ油で揚《あ》げてから煮《に》る（インド・西ベンガル州）。

　これまでもわかりやすくするため、スパイスの効《き》いた南アジアの料理をまとめてカリーと呼《よ》んできましたが、じつはインドには、「カリー」という料理はありません。これはイギリス人が付けた呼《よ》び名にすぎず、まして日本のカレーライスのように、コムギ粉《こ》やルーなどをまぜてとろみを出すことなどはしません。

　また南アジアの各地方では、使う材料や調理法にしたがってそれぞれの料理に名前があるので、コーフタ（ひき肉などを丸めた団子《だんご》）とかティッカ（窯焼《かまや》き）とかいう名前を聞くと、それがどんなものかがわかるのです。たとえば日本料理でいえば、鶏《とり》のつくねの大和煮《やまとに》、といった具合です。これをただ「和食」と言ってしまっては、何が出てくるのかわかりませんね。

　ところで、日本でインド料理店に行くと、チキンカリーやマトンカリーといった品がメニューにありますが、それはどんな料理なのか、じつはよくわかりません。ただ、いずれも肉を使い、こってりとした北部ふうの料理がふつうです。

　いっぽう、南部や東部の料理はこれらとはずいぶんちがいます。これらの地方では、魚やエビをよく食べるのが特徴《とくちょう》で、しかもスープのように汁気《しるけ》が多く、さらっとしているので、胃《い》にもたれることがありません。それに梅干《うめぼ》しのような味のタマリンド（13ページを見よう）などで酸《さん》味《み》を効《き》かせたうえ、トウガラシが効《き》いて辛《から》いので、発汗《はっかん》作用とともにパワーが湧《わ》き、暑くてだるくても眠《ねむ》くても、目が覚めてしまいます。

　さらに、食欲《しょくよく》のない人には、胃腸《いちょう》の調子をととのえるなどのスパイスの薬効《やっこう》がそれぞれ効《き》くので、高温多湿《たしつ》の夏にはぴったりのメニューではないでしょうか。

上左―ジャガイモの皮をむく女性《じょせい》。刃《は》が上を向いた半月形の包丁が特徴《とくちょう》で、切りたいもののほうを刃《は》に押《お》し付けて切るため、まな板は用いない。これから料理する魚と鶏《とり》(後ろの竹籠《たけかご》)も見える(バングラデシュ・ダカ地区)。

上中―何種類もの香辛料《こうしんりょう》をまぜて石皿で摺《す》り、混合《こんごう》スパイスのマサーラーを用意する婦人《ふじん》。南部では辛味《からみ》が特徴《とくちょう》だが、北部では辛《から》さよりも、よい香《かお》りを出す調合が好まれる(インド・バナーラス)。

上右―スパイスをつぶしたり、摺《す》ったりするための大きな石臼《いしうす》。ぐらつかないように、非常《ひじょう》に重くできている(インド・ケーララ州)。

中右―石皿にニンニクをのせてつぶす。ニンニクとショウガは香辛料《こうしんりょう》以上に必要で、これに、見た目ににあわず辛《から》みの強烈《きょうれつ》な青トウガラシと、真っ赤なトウガラシがアクセントを付ける(バングラデシュ・ダカ)。

上―中華鍋風《ちゅうかなべ》の深鍋《ふかなべ》にトマト、ナス、タマネギ、ジャガイモなどの野菜を入れて、カラシ油で炒《いた》め煮《に》にする。ベンガル語ではショブジーという(バングラデシュ・ダカ地区)。

右―食事は中庭などで、一家そろってとる。ここでは男女が入り混《ま》じって座っているが、ふつうは男性長老《だんせいちょうろう》から年の順に並《なら》び、母親が給仕役《きゅうじやく》として、最後に食卓《しょくたく》につく。家族がそろってとる食事は、その日のできごとを語り合ったり、家族の絆《きずな》を深める大事な機会である(バングラデシュ・ダカ地区)。

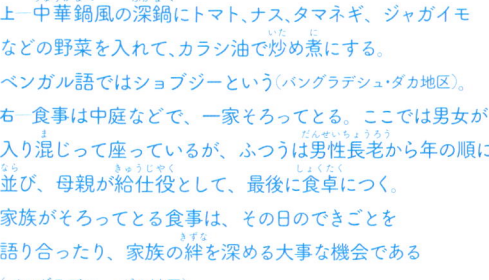

4 暮《く》らしの息《いき》抜《ぬ》き

渇《かわ》きをいやす飲み物

左—まだ若《わか》いココヤシの実をとり、底の部分をナタで豪快《ごうかい》に削《けず》って中の果汁《かじゅう》を飲む（インド・チェンナイ）。
上—女性《じょせい》がナタをふるうのはやや珍《めずら》しい。ココナツ1個《こ》の値段《ねだん》は日本円で約30円（インド・チェンナイ）。
下—香《かお》り高く甘《あま》いマンゴーのフレッシュ・ジュース。ミルクと混《ま》ぜたマンゴーシェイクもおいしい（インド・ニューデリー）。

飲めば汗《あせ》となるのを知りながら、ことに暑い南アジアの各地では、やはり水分をとりたくなるものです。水や氷を口にするのが衛生上《えいせいじょう》、気になるなら、野菜・果物のフレッシュ・ジュースや目の前で絞《しぼ》ってくれるサトウキビ、あるいは未熟《みじゅく》なココヤシの実の底部を切って穴《あな》を開け、中にたまった果汁《かじゅう》を飲むのがいいでしょう。昨今では南アジアでも、コーラなどの炭酸《たんさん》飲料やペットボトル入りのミネラルウォーターがふつうになってきましたが、中味を詰《つ》め替《か》えているものもあるので要注意。

歴史的に最も古くからあるのは、水にライムを絞《しぼ》ったニンブー・パーニーという飲み物です。日本でも最近では人気がでてきた乳酸《にゅうさん》飲料のラッシーもよく飲まれます。ただし日本では、甘《あま》く味つけをしたラッシーしか出てきませんが、本来はプレーンヨーグルトのような酸《す》っぱい味なのです。西部の各地では、これに塩やコショウを混《ま》ぜたラッシーすらありますが、これは現地《げんち》でしか味わえないかもしれません。むしろこのような地方色の強いものをこそ、大事にしてほしいと思います。

上―手回《てまわ》しの絞《しぼ》り機でサトウキビを絞《しぼ》る。絞《しぼ》り汁《じる》を飲むほか、絞《しぼ》りかすはウシの飼料《しりょう》とするか、絞《しぼ》り汁《じる》を煮《に》詰《つ》めて砂糖《さとう》の原料となる粗糖《そとう》(ジャグリー)をとるための燃料《ねんりょう》にする。近年では、この絞《しぼ》りかすを紙の原料の一部とする実験も行われているので、無駄《むだ》がない(インド・チェンナイ)。

上―春先の1～2月に出始めたヤシの花芽《はなめ》を切り、そこから滴《したた》る樹液《じゅえき》を器にためる。はじめはほのかに甘《あま》い樹液《じゅえき》も数時間後には発酵《はっこう》しはじめ、夜にはけっこう強いヤシ酒となる。ただし南アジアでは、ヒンドゥー教徒もイスラーム教徒も、最下層《さいかそう》とされる人々をのぞいて、ほとんど酒は飲まない。

右―高いヤシの木にのぼって実を採《と》る男。職業《しょくぎょう》は世襲《せしゅう》。肩《かた》にかけた太いロープで体を幹《みき》に固定し、するするとてっぺんまでのぼっていく(いずれもインド・アーンドラプラデーシュ州)。

右上―素焼《すや》きの器で出される乳酸《にゅうさん》飲料のラッシーを飲む老人。ラッシーは大人にも子どもにも好まれる。しかもお腹《なか》によく、栄養価《えいようか》も高い。何種類ものラッシーがある(インド・オールドデリー)。

右下―昔ながらのニンブー・パーニー(ライム・ウォーター)。さわやかな味と香《かお》りがいい(インド・オールドデリー)。

紅茶《こうちゃ》の発見

南アジアでは、家でもオフィスでもお店でも、ちょっとでも顔を出せば「まあお茶でも」と誘《さそ》われ、話し込《こ》んでしまうことになります。朝も起きれば目ざめのお茶、午後と夕方にも友人を呼《よ》んでお茶、一日の終わりにも家族とともにお茶。こんなにも南アジアの人々の暮《く》らしに広く深く入りこんだお茶とその習慣《しゅうかん》ですが、1800年前にまでさかのぼるという中国のお茶の歴史に比《くら》べれば、その歴史はそれほど古くはないのです。

かつてインドを支配《しはい》していたイギリス(5巻《かん》36ページを見よう)は、もともとは中国から茶を輸入《ゆにゅう》していたのですが、茶は薬にもなるという宣伝《せんでん》も手伝って、1720年代には、イギリス全土に茶を飲む習慣《しゅうかん》が広まりました。

しかし、当時すでにインドの植民地化《しょくみんちか》を進めていたイギリスは、アッサムなどインド北東部に自生《じせい》する茶の木が、中国の茶の木と同じものだとは気づきませんでした。葉が小さくて丈《たけ》も低い中国の茶の木に対し、アッサムのそれは大木となり、葉も大きいこと、また現地《げんち》では、飲むよりも、発酵《はっこう》させた葉を油で炒《いた》めて食べるという利用のされ方だったからです。

19世紀になってようやく、アッサムの木々がじつは茶であることがわかり、イギリスはこの地で茶の栽培《さいばい》を本格的《ほんかくてき》に始めます。これが成功すると、やはり植民地化していたスリランカなどでも茶をつくるようになりました。こうしてインドやスリランカは、茶葉を発酵《はっこう》させた紅茶《こうちゃ》の生産国となり、現地《げんち》でも紅茶《こうちゃ》を飲む習慣《しゅうかん》が広まったのです。

下—インド産で、アッサム茶と並《なら》んで味と香《かお》りが最もよいとされるダージリン茶の茶つみ風景。雪をかぶった、背後《はいご》のヒマーラヤ山脈《さんみゃく》が美しい。こうした茶園の多くはイギリスの植民地《しょくみんち》時代にひらかれ、広大な農地でたくさんの現地《げんち》の人々を使って栽培《さいばい》するというプランテーション方式で経営《けいえい》されていた。当時に働いていた現地《げんち》の人々は、イギリス人経営者《けいえいしゃ》からきびしい労働を強いられていたという(インド・西ベンガル州、インド大使館提供《ていきょう》)。

右下—南部でも、西ガート山脈《さんみゃく》の一部であるニールギリ山中は高度もあって、涼《すず》しいので、茶の栽培《さいばい》に適《てき》している(インド・ケーララ州、インド大使館提供《ていきょう》)。

左—18世紀末、イギリスに紹介《しょうかい》された中国・福建《フージェン》省産の茶。当時はボヒー茶と呼《よ》ばれ、味や香《かお》りよりもその薬効《やっこう》が強調されて広まった。J.C.レットサム著《ちょ》『茶の博物誌《はくぶつし》』(1772年初版《しょはん》、ロンドン刊《かん》)より。

右—紅茶《こうちゃ》を楽しむ19世紀後半の上流階級のイギリス人たち。W・ベサントの回顧録《かいころく》(1887年、ロンドン刊《かん》)より。茶はまだこのころは、中国から輸入《ゆにゅう》される緑茶に頼《たよ》っていたが、インド産の紅茶《こうちゃ》もようやく一般的《いっぱんてき》となってきた。茶葉を発酵《はっこう》させたインド産の紅茶《こうちゃ》を楽しむようになったのは、ようやく1838年ころ以降《いこう》になってのことである。

右—砂糖《さとう》の原料となるサトウキビの畑。紅茶《こうちゃ》は緑茶やウーロン茶よりも苦味《にがみ》が強いので、砂糖《さとう》とミルク入りが好まれる。サトウキビはインド南部の高温多湿《たしつ》の気候によく合い、絞《しぼ》り汁《じる》を煮詰《につ》めて粗糖《そとう》のジャグリーを作る工程《こうてい》も比較的《ひかくてき》かんたんなので、家族単位《たんい》の作業として広く行われた(インド・カルナータカ州)。

下左—ジャグリーをボール状《じょう》に丸めた粗糖《そとう》(手前)。ここから不純物《ふじゅんぶつ》を取りのぞくと白い砂糖《さとう》となる(インド・タミルナードゥ州)。

下右—辛《から》い物好きのインドの人々はまた、極端《きょくたん》なほど甘《あま》い物が好きだ。練《ね》ったコムギ粉《こ》をヒモ状《じょう》に絞《しぼ》りだし、油で揚《あ》げてどっぷりとシロップにつけこんだジャレービーは、パニール(カテージチーズ、5巻《かん》18ページを見よう)をシロップで煮込《にこ》んだ甘味《あまみ》の強いラスグッラーやサンデーシュなどと並《なら》んで、お好みの甘味《かんみ》である(インド・パンジャーブ州)。

習《しゅう》慣《かん》となった茶とパーン

お茶と甘味《かんみ》を友人たちと分け合って、ともに楽しむ風習は、お茶を通じて絆《きずな》を確《たし》かめ合うことも大事な目的です。薬効《やっこう》があるとされるお茶はともかく、やめられない習慣《しゅうかん》となってとりすぎが問題となる酒・タバコなどにも、有害とされてさえ、それを分け合うことが仲間であることの確認《かくにん》となる面があるようです。実際《じっさい》、もうあいつにはタバコはやらない、となるならば、それは絶交《ぜっこう》を意味することにもなるでしょう。

さて、南アジアの紅茶《こうちゃ》にも、さまざまな種類があります。茶葉の産地やブランド、という意味ではなくて、やや安値《やすね》の粉茶《こなちゃ》を使い、たっぷりのミルクや砂糖《さとう》を加えて煮出《にだ》したチャーイと、もっと気取って、受け皿付きのカップとポットが別々に出される、やや高級なティーのちがいがまずあります。いっぽう、南部では泡立《あわだ》った熱いミルクコーヒーが好まれます。また、北西部ではカフアといって、珍《めずら》しく緑茶を飲みますが、これにも砂糖《さとう》を入れて、カルダモンというスパイスの粒《つぶ》も入ります。

ところで南アジアでは、食事のあとなどに口をさっぱりさせるため、スパイスをちょっと口にすることがありますが、コショウ科のキンマの若《わか》い大葉に石灰《せっかい》を塗って、刻《きざ》んだビンロウの実(ビンロウジ、ベーテルナッツ)や何種類ものスパイスを包み込《こ》んで噛《か》む、パーンが好まれました。これはかつて台湾《タイワン》から南、東南アジアなどにも広がっていた風習ですが、真っ赤な唾液《だえき》を吐《は》くために嫌《きら》われ、近年ではあまり見られなくなりました。その代わりに、いまはコーラが清涼《せいりょう》飲料の座《ざ》を占《し》めています。

上左—ミルクと砂糖《さとう》をたっぷりと入れて煮出《にだ》した濃厚《のうこう》なチャーイをやかんに移《うつ》し、素焼《すや》きのコップに注ぐ(インド・バナーラス)。
上右—大鍋《おおなべ》で煮《に》たったチャーイ。マサーラー・チャーイといって、シナモンなどのスパイスを入れて煮出《にだ》したものもある(インド・マッディヤプラデーシュ州)。
中左—器から器へ何度も移《うつ》し替《か》えて泡立《あわだ》たせた、まろやかなミルクコーヒーを作る南インドの茶店(インド・チェンナイ)。
中右—砂糖《さとう》とカルダモンの実が入った緑茶のカフアを楽しむ男(パキスタン・ペシャーワル)。
下—ロシアから伝わったサモワールという湯わかし器で、多量のチャーイをいっぺんに作る繁盛《はんじょう》した茶店。長距離《ちょうきょり》バスの停《と》まる駅などでよく見る風景だ。小袋《こぶくろ》に詰《つ》めたパーンの材料も売っている(インド・チェンナイ)。

上—ビッシリと実をつけたビンロウの樹《き》(インド・カルナータカ州、©Stan Dalone)。

左上—客の目前で実のビンロウジを刻《きざ》んでパーンを作る(インド・ケーララ州)。

左—ビンロウジの殻《から》をむいて割《わ》ったところ(ブータン・ティンプー)。中の固いナッツを取り出して細かく砕《くだ》き、石灰《せっかい》を塗《ぬ》ったキンマの葉に包んで噛《か》む。

下—上下に開いて、ビンロウジを細かく刻《きざ》むためのナッツカッター。いろんなデザインがあって楽しい(畠中光享蔵《はたなかこうきょうぞう》)。

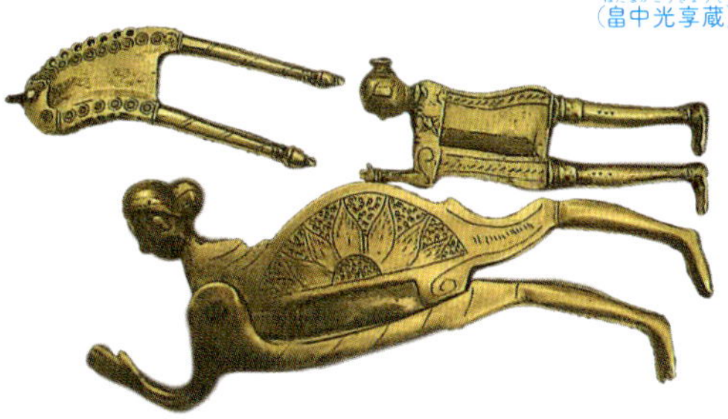

左—デリーのタバコ屋。タバコのほか、さまざまなスパイスやちょっとした薬も、こぎれいな小袋《こぶくろ》に入って売られている(インド・ニューデリー)。

下中—ニンジンとタバコを一緒《いっしょ》に売っても悪いわけはない。野菜は1個《こ》ずつ、タバコも1本ずつの小売りである(バングラデシュ・ダカ)。

下右—超小型《ちょうこがた》の葉巻《はまき》のビーリー。途中《とちゅう》ですぐ火が消えるので、吸《す》いすぎることがないのがかえってよい(インド・バナーラス)。

5 祈《いの》りと願い

神《よ》を呼ぶ祭りの床絵《ゆかえ》

初めてインド東部のベンガルの村を訪《おとず》れたときのこと。家の前の地面いっぱいに白い色で何か絵が描《えが》かれ、お祭りをしているようでした。聞くと、これは女《じょ》性《せい》たちが神を呼《よ》ぶための絵で、コメの粉《こな》を水に溶《と》いて描《えが》いていく絵だといいます。じつに美しい図柄《ずがら》ですが、下書きも何もなしにどんどんと描《えが》いていくのに驚《おどろ》きました。しかも、アルポナと呼《よ》ばれるこの絵は家の中にまで続いていき、最後には、奥《おく》まった小さな祭壇《さいだん》のところで終わっていました。この連続した絵が、ここまで神さまを導《みちび》いてきたのです。

そこには立派《りっぱ》な神像《しんぞう》も神殿《しんでん》もありません。だれもが作れるような小さな祭壇《さいだん》と、そこに祀《まつ》られた土壺《どつぼ》や花、穀物《こくもつ》を入れた籠《かご》が神像《しんぞう》の役割《やくわり》を果たしているだけなのです。経済《けいざい》やIT産業が発展《はってん》して先進国の仲間入りをした21世紀のいまも、いやそれだからこそ、人々はなお身近に神を覚え、暮《く》らしのうちの願いを祈《いの》りにこめているのでしょう。工業地帯の工場群《こうじょうぐん》のあいま、あるいはにぎやかな街の一角にも神像《しんぞう》は建てられて、暖《あたた》かく人々を見守っています。

一方、その儀礼《ぎれい》や祭りはいたってあっさりしたところもあり、祭りが終わると、あの見事な床絵《ゆかえ》も祭壇《さいだん》も、あっという間に片《かた》づけられてしまいます。地面の絵も、その上を人が踏《ふ》んで歩いても平気です。そこにはもう、神さまはいないからです。神は帰り、人々の暮《く》らしは、元に戻《もど》ったのです。

【36ページ】左―水に溶《と》いたコメの粉《こな》でハスの花を描《えが》く老女。その中心に幸せの女神《めがみ》・ラクシュミー（吉祥天《きっしょうてん》）が下りてこられるよう、周囲に足跡《あしあと》が描《えが》かれている（インド・オディシャー州）。
右上―豊《ゆた》かな実りを願い、収穫《しゅうかく》を感謝《かんしゃ》する床絵《ゆかえ》（インド・西ベンガル州）。
右下―かんたんな手作りの祭壇《さいだん》でも、美しい床絵《ゆかえ》に飾《かざ》られれば立派《りっぱ》な神殿《しんでん》となる（インド・オディシャー州）。
【37ページ】左上―穀物《こくもつ》を入れた籠《かご》を重ねただけの祭壇《さいだん》。この全体が、神像《しんぞう》とみなされる。大切なのは、形ではない（インド・オディシャー州）。
右上―南部では、東部とは異《こと》なった形式の床絵《ゆかえ》のコーラムが地面を埋《う》める。規則《きそく》正しく打った点の間を、曲線が一筆書きのように全面を走る（インド・タミルナードゥ州。以上5点、沖守弘撮影《おきもりひろさつえい》）。

右―IT企業《きぎょう》が集まる先端技術《せんたんぎじゅつ》の都市・ノイダの一角にも、ちゃんとヒンドゥー教の神・シヴァの像《ぞう》がそびえている（インド・ウッタルプラデーシュ州）。

左―ヒンドゥー教の女神《めがみ》ドゥルガーの祭りに、手作りの神殿《しんでん》の前で手を合わせる少年（インド・マハーラーシュトラ州）。
中―家庭の小さな神棚《かみだな》に祀《まつ》った、神像《しんぞう》とみなした壺《つぼ》（ガタ）に対して儀礼《ぎれい》の祈《いの》りを捧《ささ》げる僧《そう》。祭壇《さいだん》の皿にはコムギの種を播《ま》いて10日後の儀礼《ぎれい》に備《そな》え、その前にはココナツほかの捧《ささ》げものを入れた壺《つぼ》を据《す》える（インド・マハーラーシュトラ州）。

多《た》産《さん》と豊《ゆた》かさ——母《ぼ》神《しん》への祈《いの》り

南アジア最大の宗教《しゅうきょう》・ヒンドゥー教（5巻《かん》42ページも見よう）にはたくさんの女神《めがみ》がおられます。女神は多産と豊《ゆた》かさの象徴《しょうちょう》であり、人々は女神に、たくさんの子どもができて丈夫《じょうぶ》に育ち、作物も豊《ゆた》かに実り、家畜《かちく》もふえてよく育つよう祈《いの》ります。こうした女神は人類の誕生《たんじょう》以来、世界中で信仰《しんこう》の対象となってきました。ヒンドゥー教には女神がたくさんいて、その多くはシヴァ神の夫人と考えられており、さまざまな姿《すがた》や性格《せいかく》を持っています。中でも人気の高いのがドゥルガーで、獅子《しし》に乗って武器《ぶき》で敵《てき》を倒《たお》す強い女神ですが、その姿《すがた》はやさしく、人々から母と慕《した》われています。

それとは逆《ぎゃく》に、恐《おそ》ろしい姿《すがた》をとるのがカーリー女神《じょしん》で、血のしたたる首を持ち、舌《した》を出して夫のシヴァ神をすら踏《ふ》みしだいているようすは身の気もよだつほどですが、カーリーもまた、母なのです。さらに、ウマーやパールヴァティーのようなやさしい女神《めがみ》もシヴァ神の妃《きさき》です。神さまなのに、ずいぶんいろんな性格《せいかく》があるものだと思わされますが、じつはこれは、この世の善悪《ぜんあく》のさまざまを一人ひとりの神になぞらえたものであり、それらをまとめてみれば、この世界全体が表されているのだと考えられるのです。

母としての性格《せいかく》はそれほど強くないのですが、日本でもよく知られたインド起源《きげん》の女神《めがみ》としては、吉祥天《きっしょうてん》や弁才天《べんざいてん》がいます。吉祥天《きっしょうてん》ラクシュミーは財宝《ざいほう》と幸福をもたらす女神です。いっぽう、弁才天《べんざいてん》サラスヴァティーは、本来は技芸《ぎげい》と学問の女神だったのですが、日本では鎌倉《かまくら》時代末に財宝神《ざいほうしん》としての吉祥天《きっしょうてん》の性格《せいかく》と結びついて、その名も（弁才天《べんざいてん》ではなく）、「弁財天《べんざいてん》」となりました。このように人々の強い祈《いの》りは、神さまの性格《せいかく》をも変えてしまうのです。

上—ドゥルガー女神《じょしん》をたたえる大祭は、9月末から10月にかけての9日間にわたって盛大《せいだい》に行われる。他の女神《めがみ》たちの祭りもそれに続き、ことにインド東部のベンガル地方では、雨季も過《す》ぎたこの収穫《しゅうかく》の秋のひと月は、祭り一色に染《そ》まる（インド・コルカタ、沖守弘《おきもりひろ》撮影《さつえい》）。

右—恐《おそ》ろしい女神《めがみ》のカーリー。サリーで隠《かく》れていて見えないが、人の頭を連ねた首飾《くびかざ》りと、たくさんの腕《うで》を下げた腰蓑《こしみの》をつけ、血に濡《ぬ》れた舌《した》を大きく突《つ》きだしている（インド・コルカタ）。

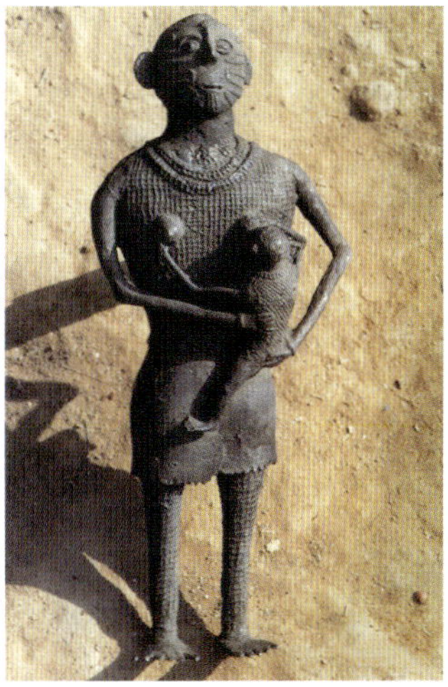

上中—女神像《じょしんぞう》の原型といえば、先住《せんじゅう》の部族民《ぶぞくみん》が作る、赤子を抱《だ》いたこうした母子像《ぼしぞう》であろう。素朴《そぼく》な真鍮製《しんちゅうせい》ながら、細かい細工が美しい（インド・マッディヤプラデーシュ州、沖守弘撮影《おきもりひろさつえい》）。

上右—マリアイと呼《よ》ばれる女神《めがみ》に捧《ささ》げ物をする女性《じょせい》。人々がお参りのさいに、油で練《ね》った朱《しゅ》の粉《こな》を像《ぞう》に塗《ぬ》り重ねるため、元の姿《すがた》もよくわからなくなってしまっている（インド・マハーラーシュトラ州）。

中—流行《はや》り病を治してくれるマーリアンマン女神《じょしん》の石像《せきぞう》。南インド・タミルナードゥ州一帯で熱い信仰《しんこう》を集めている（インド・チェンナイ）。

中右—マーリアンマンのもとに、捧《ささ》げ物を持って参拝《さんぱい》する女性《じょせい》たち（インド・チェンナイ）。

上左—川底からとった粘土《ねんど》を固めて、女神《めがみ》たちの像《ぞう》の原型をつくる。この仕事はクモルという陶工職人《とうこうしょくにん》の集団が代々受け継《つ》いできた。さまざまな女神像《じょしんぞう》が、祭りの日程《にってい》に合わせて、次々とできあがっていく（インド・コルカタ）。

中—泥《どろ》でできた塑像《そぞう》ながら、豪華《ごうか》な飾《かざ》りや衣装《いしょう》を身につけた神像《しんぞう》も、祭りの最終日の夕刻《ゆうこく》には川まで運ばれ、そこで水に沈《しず》めて、もとの粘土《ねんど》に戻《もど》される（インド・コルカタ近郊《きんこう》、沖守弘撮影《おきもりひろさつえい》）。

右下—中世の武士《ぶし》社会では、夫が戦死すると、妻《つま》もその遺体《いたい》を焼く火のなかに飛び込《こ》んで殉死《じゅんし》をする風習があった。このような行為《こうい》は貞淑《ていしゅく》な女性《じょせい》（サティーと呼《よ》ばれる）の証《あかし》とされ、サティーストーンとして石に刻《きざ》まれた。しかし、この殉死行為《じゅんしこうい》は1829年以降《いこう》、厳《きび》しく禁止《きんし》されている（インド・カルナータカ州）。

動《どう》物《ぶつ》姿《すがた》の神さまたち

猿《さる》の神さま

左上―朱色《しゅいろ》の練《ね》り物を塗《ぬ》ったハヌマーン像《ぞう》に詣《もう》でる女性《じょせい》。最も親しみやすく、願いを聞いてくれそうな身近な神として信じられている（インド・アーンドラプラデーシュ州）。
左下―巨木《きょぼく》の下に祀《まつ》られているハヌマーン。朱《しゅ》の上に、銀箔《ぎんばく》も貼《は》ってある（インド・ウッタルプラデーシュ州）。
右上―ヒンドゥー教の聖地《せいち》・ハリドワールで、ハヌマーン神になりきってしまっている人。役者の演技《えんぎ》というよりも、聖地《せいち》でのこの姿《すがた》なら、信者たちからのお布施《ふせ》も集まるだろう（インド・ウッタルプラデーシュ州）。

山川草木虫魚《さんせんそうもくちゅうぎょ》、およそ生あるもののことごとくにカミが宿るというヒンドゥー教の考えからすれば、身近な動物たちこそ、人々の暮《く》らしに関わりの深い神々の姿《すがた》ととらえられて不思議はありません。なかでも人気の高いハヌマーンは、インドの古代叙事詩《じょじし》『ラーマーヤナ』で英雄神《えいゆうしん》ラーマを助けて大活躍《だいかつやく》をする猿神《さるがみ》で、彫刻《ちょうこく》に絵に、歌に芝居《しばい》に、語り芸や映画《えいが》にもひんぱんに現《あらわ》れます。実際《じっさい》インドでは、日常《にちじょう》の暮《く》らしのうちでもサルの姿《すがた》を見ないときはないといってもよいでしょう。

ハヌマーンと同じくらいに人気があるのがシヴァ神の息子とされるガネーシャで、大きな腹《はら》に象の頭をのせて、大好物の団子《だんご》を食べながら小さなネズミに乗ってゆらりゆらりと町を行く姿《すがた》は、絶大《ぜつだい》な人気を集めます。ガネーシャは目前の障害《しょうがい》を払《はら》いのけ、事を成功に導《みちび》き、富《とみ》をもたらすとされているため、特に商家などでは、招《まね》きネコのようにガネーシャ像《ぞう》を店に飾《かざ》ります。また音楽や舞踊《ぶよう》の公演《こうえん》では、舞台《ぶたい》のそでにガネーシャ神を祀《まつ》って、公演《こうえん》の成功を祈《いの》ります。

一見恐《おそ》ろしいのが蛇《へび》です。蛇《へび》はやはり暮《く》らしに関わりの深い動物ですが、これが神になると、川や池を満たし、雨を呼《よ》び、また子だくさんというイメージの強いコブラ（ナーガ）となります。ナーガは、蛇《へび》にかまれる危険《きけん》から守ってもらうためにも、人々の崇拝の対象となっています。

ナーガは暗黒の地下界の王とされていますが、それに立ち向かうのが、金の羽を持った、光かがやく霊鳥《れいちょう》ガルダです。鳥ではほかにもクジャクやワシ、タカなども崇《あが》められますが、やはり太陽を背《せ》にのせて空を行くとされる金の羽のガルダが一番で、その名はインドネシアの航空会社の名にもなっています。

象の神さま

上―店や家に飾《かざ》る、塩化ビニール製《せい》のガネーシャ像《ぞう》。壊《こわ》れにくく、色落ちもしないので人気がある（インド・ウッタルプラデーシュ州）。

右上―毎年８～９月ごろの雨季、ガネーシャをたたえる盛大《せいだい》な祭りの日に街に引き出された巨大《きょだい》なガネーシャ像《ぞう》。上の手に持っているのは敵《てき》を倒《たお》す円盤《えんばん》とホラ貝、下の手では信者に祝福を与《あた》えつつ、好物の団子《だんご》も離《はな》さない（インド・ムンバイー、沖守弘撮影《おきもりひろさつえい》）。

右中―18世紀にインド・マドラス（現《げん》チェンナイ）で描《えが》かれたガネーシャの絵。

左―からみ合う雌雄《しゆう》のナーガ。仏像《ぶつぞう》の光背《こうはい》のように頭の後ろに広がるコブラのフードが美しい。10世紀ころの作（インド・コルカタのインド博物館蔵《はくぶつかんぞう》）。

下中―道祖神《どうそしん》のように村境《むらざかい》にかたまりあって立ち並《なら》ぶナーガの石碑《せきひ》。村に悪い霊《れい》が侵入《しんにゅう》するのを防《ふせ》ぎ、よい霊《れい》を呼《よ》びこむ力を持つ（インド・タミルナードゥ州、著者撮影《ちょしゃさつえい》）。

右―金の羽を持ち、光満ちた天界の王であるガルダは、闇《やみ》の地下界の王ナーガの天敵《てんてき》である。鋭《するど》いくちばしで蛇《へび》をついばむ姿《すがた》は、彫刻《ちょうこく》や絵画によく表される（インド・タミルナードゥ州）。

鳥の神さま

蛇《へび》の神さま

6 芸《げい》能《のう》の大地

仮《か》面《めん》と人《にん》形《ぎょう》劇《げき》

左—パダヤニという悪霊祓《あくりょうばら》いの儀式《ぎしき》で使われる、たくさんの顔と大きな眼《め》をもつ魔神《まじん》の仮面《かめん》・カラリコーラム。アレカヤシ(ビンロウ、34ページを見よう)の葉を組み合わせ、くっきりとした色で彩《いろど》られている(インド・ケーララ州)。
中—悪霊祓《あくりょうばら》いの儀礼《ぎしき》・クンマッティカリで用いる、悪霊《あくりょう》に粉《ふん》してかぶる重い木の仮面《かめん》(インド・ケーララ州)。
右—一弦琴《いちげんきん》を弾《ひ》きながら、仮面《かめん》をつけて深い森の中から出てくる部族民サンタルの霊能者《れいのうしゃ》。この異形《いぎょう》の姿《すがた》で、神のことばを人々に伝える(インド・西ベンガル州。以上3点、沖守弘撮影《おきもりひろさつえい》)。

仮《か》面《めん》芸《げい》能《のう》

南アジアでは、いつもどこかしらで、太鼓《たいこ》の音が鳴っています。一年中どこかでなにかの祭り、といわれるほどに各地では行事がさかんで、ことに9月から11月にかけての収穫《しゅうかく》の秋には、「週に８つの祭り」があるというのも大げさではありません。そして、どの祭りでもその地方独特《どくとく》のにぎやかな音楽と踊《おど》り、または芝居《しばい》が演《えん》じられ、人々の心を高ぶらせます。

このような芸能《げいのう》は、国を代表する舞台芸術《ぶたいげいじゅつ》にまで磨《みが》き上げられた演目《えんもく》をはじめ、代表的なものだけでも数百はあるといわれます。さらに無名のものまで含《ふく》めると、きっとその数は、千数百ともいわれることばの数以上となるでしょう。同じ歌や踊《おど》りでも、すぐ隣《となり》の村のそれとはずいぶんちがっていることが多いからです。

なかでも起源《きげん》が古く、さまざまな芸能《げいのう》の元ともなったのが、仮面芸能《かめんげいのう》と人形劇《にんぎょうげき》です。これらの芸能《げいのう》は、いまではほとんどすたれかけていて、ずいぶん辺鄙《へんぴ》なところにしか残っていないため、その重要さにも関わらず、これまであまり紹介《しょうかい》されることがありませんでした。

芸能《げいのう》の演者《えんじゃ》は化粧《けしょう》をし、衣装《いしょう》を身につけることで、神々や神話の英雄《えいゆう》へとその姿《すがた》を変えます。仮面芸能《かめんげいのう》の場合は、さらに仮面《かめん》を身につけることで、演者《えんじゃ》は化粧《けしょう》するよりいっそう素早《すばや》く、完璧《かんぺき》に変身をとげます。いっぽうの人形劇《にんぎょうげき》は、手にした人形に神々や歴史的・神話的英雄《えいゆう》の姿《すがた》を託《たく》して、操《あやつ》り手がその意思を表します。人はむしろ、人形を操《あやつ》っているようでいて、じつは神の依《よ》った人形に操《あやつ》られているのかもしれません。

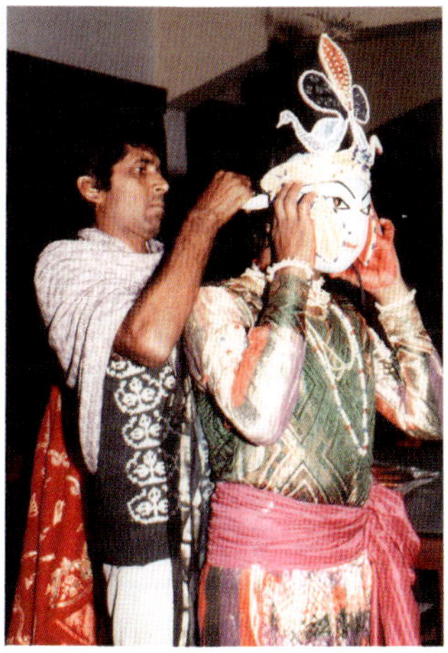

左—東インドの旧藩王家《きゅうはんおうけ》が伝えるチョウという仮面舞踊《かめんぶよう》。戦いの神・カールッティケーヤの仮面《かめん》を身につけるところ。顔にぴったり付けるので、かぶると息苦しい。
中—チョウで演《えん》じられる、男女の神の美しいデュエット。
古典ふうの音楽にもあわせた、いかにも王族の伝えるみやびやかな演目《えんもく》。
右—同じチョウでも、下層《かそう》農民の演《えん》ずるそれは激《はげ》しく、おどろおどろしい。仮面《かめん》や衣装《いしょう》が年々派手《はで》になり、伴奏《ばんそう》楽器の音量も大きくなるのは映画《えいが》の影響《えいきょう》か
（3点ともインド・ジャールカンド州、著者撮影《ちょしゃさつえい》）。

人形劇《にんぎょうげき》

右—手遣《てづか》いの人形劇《にんぎょうげき》は、下から手を差し入れる型と、上から糸で操《あやつ》る型に大きく分かれる。
右の写真は東インド・ベンガル地方のプトゥルナーチという人形劇《にんぎょうげき》で、手を差し込《こ》んで演《えん》じる。特に舞台《ぶたい》はしつらえないので、使い手の表情《ひょうじょう》がよく見える（インド・西ベンガル州、沖守弘撮影《おきもりひろさつえい》）。

左2点—糸で操《あやつ》るカトプトリという人形劇《にんぎょうげき》。
上の写真は、毬《まり》を投げ合って遊ぶ官女《かんじょ》。
下の写真に写っている舞台《ぶたい》は、簡易《かんい》ベッドを横に倒《たお》して幕《まく》を張《は》っただけのものだが、その内側は、この世ならぬ異界《いかい》と考えられている。
（インド・ラージャスターン州、ともに著者撮影《ちょしゃさつえい》）。

下中—インド南部・アーンドラ地方の大型影絵《かげえ》人形。影《かげ》として映《うつ》しだすと色は見えないのに、人形の彩色《さいしょく》が美しい。
これはインドの古代叙事詩《じょじし》『ラーマーヤナ』に出てくる魔王《まおう》のラーヴァナの人形で、厚《あつ》いスイギュウの皮を刻《きざ》んで作られている
（インド・アーンドラプラデーシュ州、沖守弘撮影《おきもりひろさつえい》）。
下右—厚《あつ》い鹿皮《しかがわ》を思い切りよく切り抜《ぬ》いたラーヴァナ。影絵芝居《かげえしばい》、ラーヴァナチャーヤーの主役である。
インド東部の内陸の村の、いまは一家だけが伝える芸能《げいのう》
（インド・オディシャー州、沖守弘撮影《おきもりひろさつえい》）。

新たな芸能《げいのう》の広がり

南アジアの芸能《げいのう》の場合、どこからどこまでが村で楽しまれる身近な芸能《げいのう》で、どこからがさらに地域《ちいき》を超《こ》えて広がる、より洗練された民族芸能《げいのう》なのか。そしてさらには、国を代表する格調高《かくちょうたか》い古典芸能《げいのう》とみなされるようなものなのか。そのあいだに線引きをすることはできません。それらはみなつながっているので、どれをどう楽しんでもいいのです。村では祭りでなくとも、事あるごとに人々は歌や踊《おど》りを楽しみ、見知らぬ人でも、その輪の中にすぐに入れるのです。

しかし、村の暮《く》らしに根をもつ芸能《げいのう》は、最近では映《えい》画《が》産業に押《お》されて、あまりさかんではなくなってしまいました。南アジアの国々では現在《げんざい》、あわせて年に1000本もの映画《えいが》がつくられ、上映《じょうえい》されているのです。ただ、そうした映画《えいが》には、各地の芸能《げいのう》がたっぷりと取りこまれています。にぎやかな歌や大勢《おおぜい》でのダンスが、ときには話の筋《すじ》と無関係にでてきて、観客を喜ばせます。

こうして各地の芸能《げいのう》は、映画《えいが》という新たな装《よそお》いのもとで、人々の暮《く》らしの中に活《い》きつづけているともいえます。逆《ぎゃく》に、地方に伝えられてきた芸能《げいのう》には、都会でつくられた映画《えいが》の影響《えいきょう》が、その音楽や舞踊《ぶよう》、衣装《いしょう》、あるいはハイテクすら駆使《くし》した音響装置《おんきょうそうち》などにも色濃《いろこ》く見られるようになってきました。

左・下―ヒンドゥー教の最高神・シヴァが踊《おど》る姿《すがた》を表した、ナタラージャと呼《よ》ばれる像《ぞう》。シヴァ神が宇宙《うちゅう》を創造《そうぞう》し、破壊《はかい》する踊《おど》りに没頭《ぼっとう》している姿《すがた》で、これが舞踊《ぶよう》の始まりという。上はインドの玄関口《げんかんぐち》・ニューデリー空港に据《す》えられた、およそ900年前のブロンズ像《ぞう》の複製《ふくせい》(インド・ニューデリー)。下はインド国立博物館所蔵《はくぶつかんしょぞう》のブロンズ像《ぞう》で、こちらはおよそ900年前に作られたとされる実物(同、© verseguru)。

上―インド東部の山地民《さんちみん》・サンタル民族の踊《おど》り。水がめを頭にのせてバランスをとりつつ踊《おど》る様式は、曲芸ふうでもある。なお、先頭に立つのは女装《じょそう》の男性《だんせい》(インド・西ベンガル州、著者撮影《ちょしゃさつえい》)。

下―向き合った相手と棒《ぼう》を合わせて叩《たた》き合う、棒踊《ぼうおど》りのダンディヤラース。西インドに広く見られる(インド・グジャラート州)。

上―地方の芸能《げいのう》をふんだんに取り入れて娯楽性《ごらくせい》を増《ま》した南インドのタミル語映画《えいが》『ムトゥ 踊《おど》るマハラジャ』の1場面。従来《じゅうらい》、インド映画《えいが》といえば深刻《しんこく》で芸術性《げいじゅつせい》も高い大作が評判《ひょうばん》を呼《よ》んでいたが、近年のこのような一連の作品はそのイメージを変え、日本でも人気を集めるようになった(インド・タミルナードゥ州)。

左―南アジア映画《えいが》は、スリルとスピード感にあふれ、派手《はで》なアクション、夢《ゆめ》のような豪華《ごうか》な暮《く》らしぶり、また恋人同士の甘《あま》いロマンスが定番だ。さらにそこに入り込《こ》む争いと誤解《ごかい》、悪党《あくとう》たちとの立ち回りなど、なんでもありの筋書《すじがき》であるが、最後には誤解《ごかい》も解《と》けて悪が滅《ほろ》びる。街なかには映画《えいが》のポスターが目立つ(バングラデシュ・ダカ)。

上―インド南西部・ケーララ地方のカタカリ。舞踊《ぶよう》というより、歌舞伎《かぶき》の荒事《あらごと》のような演劇《えんげき》に近い。踊《おど》り手は濃《こ》い化粧《けしょう》の顔の表情《ひょうじょう》と体の動きだけでパントマイムのようにすべてを表現《ひょうげん》し、物語の筋《すじ》は背後《はいご》の歌い手が語る。起源《きげん》は古く、1000年もの歴史を持つとされる(インド・ケーララ州、著者撮影《ちょしゃさつえい》)。

中―インド南部に伝わるヤクシャガーナ。派手《はで》な化粧《けしょう》や衣装《いしょう》はカタカリに似《に》るが、踊《おど》り手が台詞《せりふ》を語る点が異《こと》なる。ヒンドゥー教の神話が主題であるが、衣装《いしょう》や台詞《せりふ》のところどころに、イスラームの影響《えいきょう》も見えるのが興味《きょうみ》深い(インド・カルナータカ州、インド大使館提供《ていきょう》)。

右―インドを代表する古典舞踊《ぶよう》のカタック。切れのよい動きとリズミカルなステップが特徴《とくちょう》で、スペインのフラメンコにも通ずるものがある。もともとは語り(カター)を通して、人々に神話や英雄《えいゆう》の物語を伝える芸能《げいのう》であった(インド大使館提供《ていきょう》)。

下中―南インド・タミルナードゥ州を中心に伝えられてきたバラタナーティヤム。
いまから2000年も前から伝わる、ヒンドゥー寺院に仕える巫女《みこ》の舞《ま》いであったが、やがて20世紀の初めに舞台芸術《ぶたいげいじゅつ》として確立《かくりつ》、全インドに広がった(インド大使館提供《ていきょう》)。

下右―モーヒニーアッタムという古典舞踊《ぶよう》。神々をも引きつける女性美《じょせいび》の化身《けしん》を表わす。インド南西部のケーララ州からマハーラーシュトラ州にかけて見られ、バラタナーティヤムの強い影響《えいきょう》を受けている(インド・ムンバイー、著者撮影《ちょしゃさつえい》)。

豊《ゆた》かな音楽の世界

左上―東インド・ベンガル地方の放浪《ほうろう》の詩人、バウルの弾《ひ》き語り。単純《たんじゅん》な一弦琴《いちげんきん》と足につけた鈴《すず》だけを伴奏《ばんそう》に、高い声で朗々《ろうろう》と、自然界の法則《ほうそく》や神との関係を歌い上げる。落ち込《こ》んだ時など、幾度《いくど》バウルに助けられたことか(インド・西ベンガル州)。
上―民族の英雄《えいゆう》について、あるいは有力な家系《かけい》にまつわる言い伝えを歌いきかせる楽師集団のマンガニヤール。かき鳴らす弦《げん》とカスタネットの音が、胸《むね》の奥《おく》にまで響《ひび》く(インド・ラージャスターン州)。
左―西インド・ラージャスターンの幼《おさな》い兄妹は、生まれながらの路傍《ろぼう》の楽師である。透《す》き通った歌声は人々の足を止め、その場から離《はな》れさせない(インド・ラージャスターン州。以上3点、著者撮影《ちょしゃさつえい》)。

人類が一番初めに手にした楽器はといえば、太鼓《たいこ》のような打楽器《だがっき》と、ほかならぬ「声」でしょう。声はメロディーを、太鼓《たいこ》はリズムを紡《つむ》ぎだします。たったこれだけで、「音楽」の誕生《たんじょう》です。

そののち、さまざまな弦楽器《げんがっき》、管楽器《かんがっき》、打楽器《だがっき》が数多く考え出され、音楽の世界を豊《ゆた》かにしてきました。しかし、およそ1800年前の成立とされる古代インドの音楽・演劇《えんげき》の理論書《りろんしょ》『ナーティヤ・シャーストラ』によると、これらの「楽器」のうちでも、最も重要なのが声、すなわち声楽《せいがく》であるといいます。

いまでも古典音楽の演奏会《えんそうかい》などでは、ゆっくりとした謡《うた》い出しから、1時間以上もかけて揺《ゆ》れては戻《もど》る声に、聴衆《ちょうしゅう》は夢見心地《ゆめみごこち》となります。また、どの楽器でも、その音が声に近づくほど良い、とされていることも、声が何にもまして優《すぐ》れたものであることを示《しめ》しているのでしょう。

しかし、声楽《せいがく》がことさらに重要視《じゅうようし》されるのは、声そのものの魅力《みりょく》に加えて、歌詞《かし》でさまざまなことがらが伝えられる点にあるのでしょう。文学・哲学《てつがく》・思想・神話といった、語りことばだけではややもすると伝わりにくいことがらが、美しいメロディーに乗ることで、人々の心に届《とど》きやすくなるのです。

ともかく人は、地域《ちいき》の暮《く》らしにことに深く関わる豊《ゆた》かなメロディーとリズムに出会うとき、なにより幸せな気持ちになれる、それが音楽の魅力《みりょく》ではないでしょうか。

左上—ボーパという絵語り師《えがたりし》。英雄神《えいゆうしん》パーブージーの物語を大きな絵に描《えが》いたものをもとに、絵の細部を示《しめ》しながら歌う。
伴奏《ばんそう》は鈴《すず》を付けた単純《たんじゅん》な弦楽器《げんがっき》のみ(インド・ラージャスターン州、著者撮影《ちょしゃさつえい》)。
左中—古い絵語り用の絵(インド・マハーラーシュトラ州、沖守弘撮影《おきもりひろさつえい》)。
右上—昔ながらの絵語り芸は、映画《えいが》に押《お》され、飽《あ》きられるようになってきた。昨今では絵語りよりも、民謡《みんよう》を聞かせる芸へと変わりつつある。なかにはたくさんのCDを出す者や、外国の舞台《ぶたい》に立つ者すら出てきた(インド・ラージャスターン州、著者撮影《ちょしゃさつえい》)。
右—師匠《ししょう》について声楽《せいがく》を習う少女たち。面と向かって、師匠《ししょう》から口伝いに技《わざ》を伝授《でんじゅ》される(インド・チェンナイ、著者撮影《ちょしゃさつえい》)。

左—ラヴィ・シャンカルによるシタールの演奏《えんそう》。シタールは800年の歴史をもつ伝統《でんとう》楽器で、ギターのように弦《げん》をはじいて弾《ひ》く。余韻《よいん》の長い、揺《ゆ》れるような音色が特徴《とくちょう》。
ラヴィ・シャンカルはビートルズなど欧米《おうべい》のミュージシャンにも影響《えいきょう》を与《あた》え、インド音楽を世界に知らしめた。
しかし、伝統《でんとう》楽器はシタールだけではないことや、優《すぐ》れた音楽家たちが他にもたくさんいることも知ってほしい(インド大使館提供《ていきょう》)。
左下—ヒーローは歌・踊《おど》り・演技《えんぎ》だけでなく、楽器も弾《ひ》けなくてはならない？　元気がでる南インドのタミル語映画《えいが》『ムトゥ　踊《おど》るマハラジャ』より。琵琶《びわ》の祖先《そせん》といわれるヴィーナを弾《ひ》くのは、人気俳優《はいゆう》のラジニカーント。
右—笛《ふ》を吹き、牧女《ぼくじょ》たちを夢中《むちゅう》にさせる牧童神《ぼくどうしん》クリシュナ。18世紀の細密画《さいみつが》より。

おわりに―世界に開けた「海の道」

海に面した「海域《かいいき》」世界

この巻《かん》では、インド亜大陸《あたいりく》の中でも、海を通じて他の世界ともつながった、「海域《かいいき》」と呼《よ》ばれる地域《ちいき》に重点を置きました。ここでは、常《つね》に新たなモノや思想を外界から取り込《こ》みつつ、インド世界自体からも、その内部に発達したものを外界に発信したのです。

またここからは、より西方のヨーロッパや西アジアなどとの交渉《こうしょう》だけでなく、東南アジアから日本にまでいたる活発な行き来もあり、更紗《さらさ》や茶道具などを通じての深い交流の跡《あと》が見えて、親しみを覚えます。東西交流には内陸のシルクロードだけではない「海の道」があったし、またインドが仏教やヒンドゥー教のような宗教《しゅうきょう》だけでなく、さまざまな面でまわりの世界に大きな影響《えいきょう》を及《およ》ぼしてきたことがわかるでしょう。

これまで南アジアを扱《あつか》うさいには、亜大陸《あたいりく》を大きく北インドと南インドに分けることがふつうでした。しかし、西ガート山脈《さんみゃく》の西に走るマラバール海岸部から、東ガート山脈《さんみゃく》の東のコロマンデル海岸部まで、亜大陸《あたいりく》の先端《せんたん》をぐるりとめぐるベルト状《じょう》の地域《ちいき》も、インドの歴史と文化に大きな役割《やくわり》を果たしました。すなわち、これまで「北インド」としてとらえられてきた、このベルトの東西の付け根でもある、西はグジャラートからシンド地方の海岸部、また東はベンガルとオディシャー地方も、南方の海沿《うみぞ》いの地域《ちいき》以上に海上交易《こうえき》に大きな役割《やくわり》を果たして、内陸の奥深《おくふか》くにまで大きな影響《えいきょう》を与《あた》えたのです。これらの地域《ちいき》を、あえてこの巻《かん》に含《ふく》めた理由です。

港市《こうし》の発達

グジャラートやシンド地方の海沿《うみぞ》いでは、先史《せんし》時代から交易《こうえき》がさかんで、珍《めずら》しい石や綿花《めんか》、木材や香木《こうぼく》が、エジプトやいまのイラクあたりに運ばれていきました。2000年ほど前からは、東西の両沿岸部《りょうえんがんぶ》でも活発な交易《こうえき》が行われ、近世になると、ヨーロッパなどでは南アジア産の香辛料《こうしんりょう》や織物《おりもの》・刺《し》しゅうなどが珍重《ちんちょう》されました。

この半島部の内陸は「デカン高原」としてくくられることもあり、その語のイメージから、緑豊《みどりゆた》かで気候も良い高原地帯かと思われかねません。しかし、じっさいのところ、海から吹《ふ》く夏の季節風は、手前の西ガート山脈《さんみゃく》にぶつかって雨を降《ふ》らせてしまうので、この内陸の年間の雨量は600～800ミリ程度《ていど》にすぎず、作物もコメではなくて、綿花《めんか》やコムギのほかは、生産性の低い雑穀《ざっこく》が主でした。

そのためデカン高原では、北の平原部に肩《かた》をならべるような大帝国《だいていこく》は生まれませんでしたが、それでも、北を流れる大河タープティー・ナルマダー川と、東西を走る東ガート・西ガート山脈《さんみゃく》に三方を囲まれたこの半島部は、北の大陸部とは異《こと》なった、海に開けた海域《かいいき》世界を形づくり、そこに港町、すなわち港市《こうし》を中心とした独自《どくじ》の文化を発達させていったのです。

写真―南インドでひろく使われる木造船《もくぞうせん》（インド・ケーララ州）。

万華鏡《まんげきょう》のような世界—あとがきにかえて

●海と港市《こうし》を見なおす

インド内陸のデカン高原を横切っては、いくつもの大河が北西から南東に向けて斜めに走り、ついにはベンガル湾に抜けていました。ヨーロッパや西アジアから、アラビア海をへて西のマラバール海岸にたどりついた文化は、さらに西ガート山脈を越えて川の流路に沿って南東に下り、その長い道筋で、さらに諸地方の特色ある文化を次々と吸収しながら、東のコロマンデル海岸の河口部にたどりつきました。そこにはこの道筋とは逆に、東アジアや東南アジアからのモノ・人・情報も「吹き溜《だ》まり」のように溜まっていて、東西の文化が融合する豊かな海港・港市が発達しました。さらにそれを中心として、その背後の地域を含めたいくつもの強力な王朝が生まれ、豊かに展開しました。そこで育まれた文化、ことにモノや思想はさらに東に伝えられて、東南アジアの諸文化に大きな影響を与えたのです。さまざまな文化の結節点《けっせつてん》である港市は、いわば交易の内陸ルートの終点であり、海上ルートの出発点でもあった、またちょうど、その逆でもあったのです。

これまでは北インドの強力な諸王朝のかげで、これらの南インドの王朝や、海港・港市を含む、より広い海域《かいいき》にはあまり目が向けられてきませんでした。しかし、歴史上も暮らしの上でも、海と密接なかかわりのある日本の私たちは、もっとこの南アジアの海域世界に目を向ける必要があるだろうと思います。それによって、より豊かな南アジア世界のようすと、私たちとのつながりが浮かび上がってくることでしょう。

●万華鏡をまわす

万華鏡を知っていますね。三角に組んだ細長い鏡のあいだに色紙などの小片を入れてまわし、一方の端の小穴からのぞくと次々と美しい文様が展開する、あの玩具です。南アジアというこの広い世界には、従来、多様な自然環境や社会・文化環境に恵まれていたところへ、次々と隣接する世界からの民族や文化の移入があって、その内容は絶え間なく豊かなものになりました。ちょうど万華鏡をのぞくように、そこには様々な色や形の小片が踊り、まさしく多様な南アジアの諸文化が隙間《すきま》なく美しく散りばめられた、いとも華麗な曼荼羅文様《まんだらもんよう》のようです。

その様子を、かつて私は、様々な色糸が絡みあい結びあって織りなす、壮大なつづれ織りになぞらえたことがあります。たしかにそれは、それぞれがその本来の色を保ちながらも、総体としてのかたちとして完成しているのですが、各色もかたちも、固定してしまっているところが少し違うと、最近では思うようにもなりました。その点、万華鏡は、ちょっとでも左右に回すことによって、中の小片が踊り、全体としての姿を変えます。つまり、すこしでも見方を変えれば、いま見ていることの様子は一転して、別の姿を現わすのです。見方によって、この世界のあり方が、まったく異なったものとして見えてきます。そうであれば、いま見えているこの現実の世界も、ときにはちょっとでも軸を移して見方を変えれば、また違った姿を見せることになる、ということを覚えておく必要があるでしょう。

インドとは、ヒンドゥー教とは、カーストとは、カリーとは、サリーとは、などなど、

モダンな新興都市、グルガオン。最新のファッションや雑貨であふれている（インド・デリー郊外）

街中に目立つ巨大な広告（バングラデシュ・ダカ、著者撮影）

いまも現役のヴィクトリア朝風の馬車(パキスタン・カラーチー、著者撮影)

とても一概《いちがい》に、一口では言えないということを、この 2冊の本で学んできました。そこには、単に解釈の違いによるのでない、実態としても大きくそれぞれに異なる、極端から極端にいたる多様性が見られるのが実情です。そして、先の例でいえば、万華鏡中の小片である各要素も、また全体の姿も、時とともにどんどんと変わっていきます。百年一日のように変化がないのがインドだ、などというのは、まったくの誤りです。150年も前のヴィクトリア朝風の馬車がいまだに街を走っている一方で、ロケットやミサイルが空を飛び、原子力を含めた工業開発も格段に進み、情報技術やいわゆる IT産業は、いまや世界的な水準にあります。経済成長の急速な伸びは世界の注目するところであり、教育水準や識字率も急速に向上しています。インドといえば、かつてはすぐに連想されたような姿は、いまでは大きくその様子を変えています。

しかし、ここで万華鏡を少し回してみると、その姿はどうでしょうか。そのような経済発展は、全体としてはGNP(国民総生産、Gross National Product)を上げましたが、一部では「持てる者」と「持たざる者」の格差をかえってひろげています。GNP数値は、新興《しんこう》の中産階層の台頭にも支えられていますが、彼らはかつての王侯貴族たちのような文化のパトロンになるほどの経済力は持たず、またその価値・大切さを、必ずしも常に、十分に理解しているようにも思えません。一方では、官吏《かんり》や医師、技師のような職に就くべく、国立工科大学を頂点とした学校の序列が激しい競争を生み、これも高収入に支えられてのことですが、塾通いを初めとする幼いころからの熾烈《しれつ》な「教育」が、ことに大都市に展開しています。「開発」は自然を破壊し、大気や水を汚染して自然環境を悪化させ、大規模なダム建設は数十万人の住民や動物たちの移住を余儀なくさせています。これが進歩でしょうか。

●さらに万華鏡をまわす

さまざまに異なったものの考え方を、5000年にもわたって多様のままに、かつ平和に共存させてきたこの世界では、本来さまざまだった価値観も、政治や経済を軸にしての価値に一元化されつつあります。かつての「後進国」はいまや「開発途上国」と、上からの、つまり「先進国」からの視点から呼び換えられて、序列化されつつあります。しかし、ここで、進歩・開発のみを鏡として映してきた万華鏡を、一度回してみましょう。そこには、ヒマーラヤ山脈の懐《ふところ》に囲まれ、インドと中国に挟《はさ》まれたブータンという小国が見えてきます。かつての隣国シッキムがインドにつぶされ、併合されたような事態を避けるために、この国は徹底したブータンらしさを言語や衣食住の上で強調してきました。そしてその暮らしの目標を、いかにも仏教国らしい安らかさと幸せに求めて、GNPならぬ GNH、すなわち「国民総幸福量(Gross National Happiness)」を定めました。確かに、幸福量は数値で計れるものではありません。しかし、金額や数値で表すことができないものこそ、大切なものだったのではないでしょうか。

ボダイジュならぬ、大きなパラボラアンテナの下で瞑《めい》想するチベット仏教僧(インド・ヒマーチャルプラデーシュ州)

確かに、ここでもまた少し万華鏡を回せば、地球大にはびこっている政治・経済上の価値観からの影響で、ブータンの若者たちにすら、不満も出てきています。しかし、この万華鏡は、さらに回して、次の画像を得ることができるはずのものでもあるのです。

終わりに、貴重な写真を提供してくださった大村次郷《おおむらつぐさと》さん、沖守弘《おきもりひろ》さんほか、多くの方々や諸機関にお礼申し上げます。

6巻さくいん

[監修者]

クリスチャン・ダニエルス(Christian Daniels)

東京外国語大学アジア・アフリカ言語文化研究所教授

1953年、フィジー生まれ。オーストラリア人。東京大学大学院人文科学研究科博士課程修了。博士(文学)。専門は中国西南部と東南アジア大陸部北部の歴史。おもな著者・編書に、『雲南物質文化－生活技術巻』(雲南教育出版社、2000)、『四川の伝統文化と生活技術』(慶友社、2003)『貴州苗族林業契約文書匯編(一七三六～一九五〇年)』(全3巻、東京大学出版会、2005)、『中国雲南耿馬傣文古籍編目』(雲南民族出版社、2005)『中国雲南少数民族生態関連碑文集』(総合地球環境学研究所、2008)『論集モンスーンアジアの生態史　第2巻　地域の生態史』(弘文堂、2008)など。

[著者]

小西　正捷(こにし・まさとし)

立教大学名誉教授

1938年、秋田県生まれ。専門は南アジア考古学・文化人類学・文化史。

国際基督教大学教養学部人文科学科を卒業後、インド・カルカッタ大学大学院修士課程修了、東京大学大学院社会学研究科博士後期課程単位取得退学。法政大学助教授・教授、立教大学教授、インド国立高等学術研究所員を歴任。西アジア・東南アジアなどの周辺地域との関係も視野に、インダス文明研究や、民間儀礼・芸能・工芸などを通じて、南アジアの文化の深層を探究する。おもな著書に『インド民芸　民俗のかたち』(木耳社、1977年)、『多様のインド世界　人間の世界歴史 (8)』(三省堂、1981年)、『インド民衆の文化誌』(法政大学出版局、1986年)、『ベンガル歴史風土記』(同、1986年)、『インド民俗芸能誌』(同、2002年)、Hāth-Kāghaz – History of Handmade Paper in South Asia (Aryan Books International, 2013)、共著に『インダス文明　インド文化の源流をなすもの』(NHKブックス、1980年)、『インド世界の歴史像　民族の世界史7』(山川出版社、1985年)、『インド・大地の民俗画』(未来社、2001年)、『知られざるインド　儀礼芸能とその造形』(清流出版、2007年)、編著に『もっと知りたいパキスタン』(弘文堂、1987年)、『インド　暮らしがわかるアジア読本』(河出書房新社、1997年)、『南アジア史〈1〉先史・古代　世界歴史大系』(山川出版社、2007年)、『新版　南アジアを知る事典』(平凡社、2012年)、Konārka-Chariot of the Sun-God (D. K. Printworld, 2007)、Jaisalmer – Life and Culture of the Indian Desert (D. K. Printworld, 2013)ほかがある。

[**参考文献**]小西正捷ほか『インダス文明　インド文化の源流をなすもの』(NHKブックス、1980年)／小西正捷編『インド　暮らしがわかるアジア読本』(河出書房新社、1997年)／バール＝クリシェン　ターパル著・小西正捷ほか訳『インド考古学の新発見』(雄山閣出版、1990年)／ロミラ＝ターパル著・小西正捷ほか訳『インド史』(みすず書房、1970年)／辛島昇編『インド世界の歴史像　民族の世界史7』(山川出版社、1985年)／岩立広子『インド　大地の布』(求龍堂、2007年)／沖守弘・小西正捷『インド・大地の民俗画』(未来社、2001年)／小西正捷ほか編『インド・東南アジアの文様　世界の文様』(小学館、1991年)／沖守弘『インド・祭り』(学習研究社、1988年)／小西正捷・宮本久義編『インド・道の文化誌』(春秋社、1995年)／小西正捷・佐藤宗太郎『インド民芸　民俗のかたち』(木耳社、1977年)／小西正捷『インド民衆の文化誌』(法政大学出版局、1986年)／小西正捷『インド民俗芸能誌』(法政大学出版局、2002年)／辛島昇・大村次郷『海のシルクロード　中国・泉州からイスタンブールまで　アジアをゆく』(集英社、2000年)／ジャケッタ・ホークス著・小西正捷ほか訳『古代文明史』(みすず書房、1978年)／小西正捷・沖守弘『知られざるインド　儀礼芸能とその造形』(清流出版、2007年)／鈴木正崇編『神話と芸能のインド　神々を演じる人々　異文化理解講座9』(山川出版社、2008年)／小西正捷『多様のインド世界　人間の世界歴史 (8)』(三省堂、1981年)／アフマド・ハサン　ダーニー著・小西正捷ほか訳『パキスタン考古学の新発見』(雄山閣出版、1995年)／国立歴史民俗博物館編『東アジア中世海道　海商・港・沈没船』(毎日新聞社、2005年)／小西正捷『ベンガル歴史風土記』(法政大学出版局、1986年)／グルショドイ・ドット著、小西正捷訳『ベンガル民俗芸術論　活きている美の伝統』(穂高書店、1996年)／小西正捷ほか編『南アジア史〈1〉先史・古代　世界歴史大系』(山川出版社、2007年)／辛島昇・応地利明・小西正捷ほか監修『新版　南アジアを知る事典』(平凡社、2012年)／小西正捷編『もっと知りたいパキスタン』(弘文堂、1987年)／プラフルラ・モハンティ著・小西正捷訳『わがふるさとのインド』(平凡社、1990年)／プラフルラ・モハンティ著・小西正捷訳『わがふるさとインドの変貌』(平凡社、1992年)

[**写真協力**(敬称略)]一般社団法人J.フロントリテイリング資料館(p.21「花樹額縁文様胴着」)／株式会社マクザム(p45・47『ムトゥ 踊るマハラジャ』　＊発売・販売元：マクザム、提供：カヴィターラヤー・プロダクションズ)

企画――眞島建吉(葫蘆舎)／渡邊 航(小峰書店)

編集――渡邊　航

ブックデザイン――佐藤篤司

協力――大村次郷

図版――有限会社ジェイ・マップ(白砂昭義)

アジアの自然と文化⑥

香辛料からみる南アジア

[インド南部～東部・バングラデシュなど]

NDC290　51P　29×22cm

ISBN978-4-338-27306-0

2014年4月8日　第1刷発行

監修者――クリスチャン・ダニエルス

著者――小西正捷

発行者――小峰紀雄

発行所――株式会社 小峰書店　〒162-0066 東京都新宿区市谷台町4-15

電話――03-3357-3521　FAX　03-3357-1027

HP　http://www.komineshoten.co.jp/

印刷――株式会社 三秀舎　製本――小高製本工業株式会社

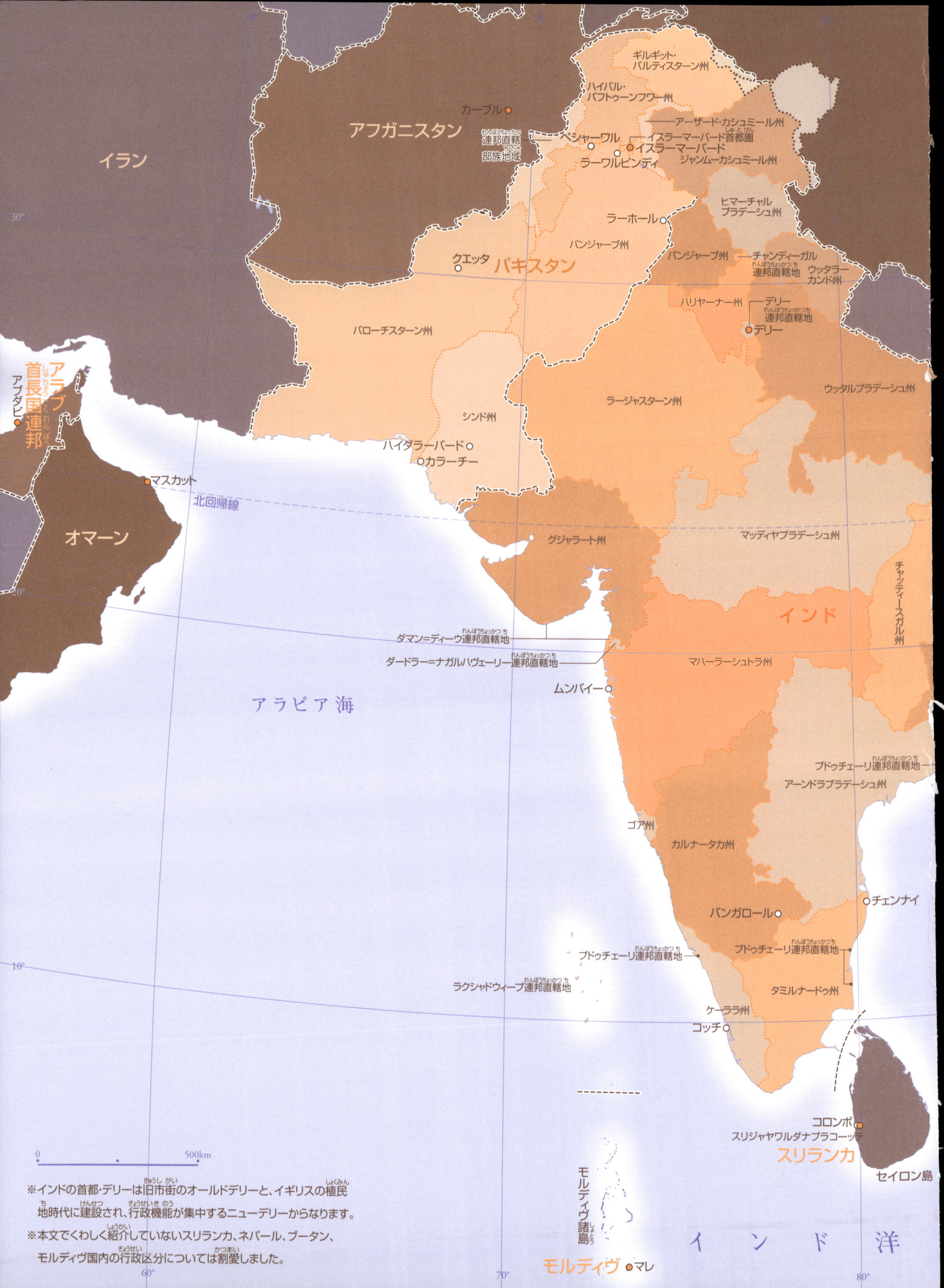

※インドの首都・デリーは旧市街《きゅうしがい》のオールドデリーと、イギリスの植民地《しょくみんち》時代に建設《けんせつ》され、行政機能《ぎょうせいきのう》が集中するニューデリーからなります。

※本文でくわしく紹介《しょうかい》していないスリランカ、ネパール、ブータン、モルディヴ国内の行政《ぎょうせい》区分については割愛《かつあい》しました。